아주 작은 태도의 차이

頭がよくなる逆説の思考術
ATAMA GA YOKUNARU GYAKUSETSU NO SHIKOJUTSU

Copyright ⓒ 2013 by 白取春彦
All rights reserved.

Original Japanese edition published by Discover 21, Inc.,
Tokyo, Japan
Korea edition is published by arrangement with Discover 21, Inc.
through Danny Hong Agency

이 책의 한국어판 저작권은 대니홍 에이전시를 통한
저작권자와의 독점계약으로 클로츠에 있습니다.
저작권법에 의해 한국 내에서 보호를 받는 저작물이므로
무단전재와 복제를 금합니다.

아주 작은 태도의 차이

삶을 단단하게 만드는 보이지 않는 힘

"우리는
나 자신이라는
단 한 사람의
인생밖에
살지 못한다"

시라토리 하루히코 지음
유미진 옮김

클로츠

머리말

이 책을 폈다면 가만한 곳에서 은근하게 읽어 주셨으면 좋겠습니다. 시릴 정도로 차갑고 맑은 물로 세수를 마친 기분을 느낄 것입니다. 지금까지 살아오면서 더께처럼 삶에 내려앉았던 사고방식과 가치관에서 벗어나, 새로 맞춘 안경을 끼고 세상을 바라볼 때처럼 사물이 이전과는 다르게 또렷이 보일 것입니다.

사는 것이 버겁고 괴로울 때마다 저는 이런 책을 읽고 싶었습니다. 만약 이런 책이 곁에 있었더라면 그토록 많은 책을 읽고 부대끼며 시행착오와 실패를 거듭하지 않았을지도 모르겠습니다.

되돌릴 수 없는 지난날의 나에게, 그리고 많은 젊은 이에게, 지금까지와는 다른 새로운 하루를 갈망하는 이에게 그리고 무엇보다 한번이라도 자신의 인생을 버리고자 마음먹은 적 있는 사람에게 이 책을 바칩니다.

마지막으로 모두에게 감사의 마음을 전합니다.

시라토리 하루히코

| 차례 |

머리말　　　　　　　　　　　　　　　　　　　　　　004

1장
인생은 보이지 않는 작은 태도에서 결정된다

01. 후회하지 못했음을 후회하라　　　　　　　　　012

02. 비우기 위해서는 먼저 채워야 한다　　　　　　016

03. 설계된 욕망을 대신 욕망하지 말라　　　　　　020

04. 나를 만들어 가는 존재는 오직 나 자신뿐이다　026

05. 모든 감정에는 이유가 있다　　　　　　　　　　030

06. 이야기가 된 사람의 이야기를 듣는 것이 좋다　034

07. 한 사람은 한 사람만큼의 인생밖에 못 산다　　038

08. 생각이 머무르는 공간을 마련하라　　　　　　　042

09. 몰입, 시간과 나를 일치시킬 때　　　　　　　　046

10. 책에는 저자와 독자의 우주가 담겨 있다　　　　052

2장

하루를 맞는 태도가 모여 인생이 된다

11. 어른이면 어른답게 입어라	058
12. 세상에 대한 혐오로 자신에 대한 미움을 덮지 말라	062
13. 시작점이 아니라 도착점이 지나온 길을 증명한다	066
14. 재능은 모든 사람에게 깃들어 있다	070
15. 파도를 이겨낸 당당한 얼굴은 주름으로 가득하다	074
16. 나도 감히 나를 짐작해서는 안 된다	078
17. 인생이란 경험으로 경험을 대체하는 과정이다	082
18. 의미는 관계에서 생겨난다	086

3장

생각을 바꾸고 싶다면 태도부터 고쳐라

19. 어른은 '가지는 것'이 아니라 '되는 것'이다	092
20. 고정관념을 버리란 생각도 고정관념일 수 있다	098
21. 자신을 깨뜨려 본 사람만이 세상을 깨뜨린다	102
22. 지름길을 찾으려고 하지 말라	106
23. 부정당해 본 적이 없다면 참신한 발상이 아니다	110

24. 말이란 주는 것이 아니라 주고받는 것이다   114

25. 다르게 생각하려면 다르게 말해야 한다   118

26. '의심'이 아닌 '의문'을 가져라   122

27. 창에 비친 내가 아니라 그저 창밖을 보라   126

28. 사람을 함부로 숫자로만 헤아리지 말라   130

29. 자존심은 나를 변명하지 않는 태도에서 나온다   134

4장 — 한순간 흐트러진 태도로 평생 쌓은 격이 무너진다

30. 인간은 비판받는 것이 두려워 누군가를 비판한다   140

31. 절벽에서 떨어졌다면 날기를 기도하지 말라   144

32. 시간은 외부가 아니라 내 안에서 존재하는 것이다   148

33. 가장 깊은 만남은 침묵 속에 있다   152

34. 세상은 볼 수 있는 만큼만 넓어진다   156

35. 지금의 나는 과거의 내가 내렸던 선택의 결말이다   160

36. 말은 생각의 그릇이다   164

37. 입과 입을 떠도는 말은 그만큼 가볍고 얕다   168

38. 자신을 헤아리듯 남을 대하라   172

39. 지혜란 작은 일과 큰일을 분별할 줄 아는 것이다   176

5장   운명을 선택할 수는 없지만 그것을 맞는 태도는 선택할 수 있다

40. 사치란 과잉이 아니라 여유를 마련하는 것이다   184
41. 번민은 번민하는 것으로만 해결할 수 있다   188
42. 고뇌 또한 다른 누구도 아닌 나의 일부다   192
43. 서점은 생각의 병원이다   196
44. 마음은 내 것이나 내 마음대로 되지 않는 것이다   202
45. 고수는 고통을 도전으로 받아들인다   206
46. 삶이란 본질적으로 불안정한 것이다   214
47. 아무리 준비해도 길을 모르기에 인생은 즐겁다   218

1장

인생은 보이지 않는 작은 태도에서 결정된다

01

후회하지 못했음을
후회하라

그저 잘살고 싶어 발버둥을 쳤을 뿐인데, 정신을 차리고 보니 인생이 엉망이 되었다. 문득 거쳐 온 과정을 돌아보니 살아간다는 것은 자신의 인생을 꾸준하게 망쳐가는 과정일지도 모르겠다.

나는 항상 눈앞의 이해득실에만 매달렸다. 제 욕심 채우기에 급급했고, 적수가 될 만한 상대는 따돌렸다. 사람을 가려가면서 등급을 매겨 왔다.

나는 끊임없이 쾌락과 자극을 좇았다. 자유와 방종

을 구별하지 못하며 늘 타인에게는 혹독하고 자신에게는 너그러웠다.

나는 나의 것만 챙기는 데 급급했다. 혼자서 찬찬히 일에 몰두하지 못하고 성가신 일은 남에게 떠넘기면서 결실이나 공로, 보수는 나의 몫으로 챙기곤 했다.

나는 교활함을 지혜라고 착각했다.

나는 에두른 길이나 조금의 고비 없이 가장 빠르게 성공하는 방법을 끊임없이 갈구했다.

나는 책을 읽으며 스스로 판단하지 않고 전해 들은 이야기를 진실이라 믿었다.

나는 하루하루를 질투나 험담, 비웃음, 공격으로 채워 나갔다.

나는 삶에서 찾아올 수밖에 없는 고난을 절대로 받아들이지 않으려고 했다.

나는 남에게 지갑을 쉽게 열지 않았다.

나는 스스로에게만 게으름과 나태함을 용납했다.

나는 눈에 띄지 않는 사소한 것이라면 슬쩍 훔쳐도 큰 허물이 아니라고 여겼다.

나는 쉽게 화내거나 야단치면서, 나에게는 그래도 되는 권리가 있다고 생각했다.

나는 소란스러운 분위기를 좋아하고 언제나 마음이 붕 떠 있었다.

나는 영원히 살 것처럼 착각하면서 살았다.

그리고 나는 이런 스스로를 경멸하고 못 견뎠다.

우리는 이러한 태도로 살아가면서 결국 인생을 허무로 몰아넣는다. 그러다 문득 삶에서 아무것도 남기지 못한 채 회한과 맞닥뜨렸을 때, 비로소 바보처럼 살았음을 너무 늦게 깨닫는다.

> 인생에서 자기 자신에게 짓는
> 최악의 죄는
> 마지막 순간까지 잘살았다고 착각하며
> 후회하지 않는 것이다.

0 2

비우기 위해서는
먼저 채워야 한다

'금욕은 미덕'이라는 말이 있다. 분명 금욕 생활을 꿈꾸던 사람이 한 말일 것이다. 욕망을 절제할 수 있다면 당장의 고통에서 벗어나게 될 것이라는 바람에서 비롯된 생각일지도 모르겠다.

금욕에 성공하는 방법은 간단하다. 지금 당장 마음속 욕망의 끈을 끊으면 된다. 단지 그뿐이다. 달리 애쓸 필요도 없다. 예컨대 지나친 음주나 나쁜 습관, 음란한 마음과 단절하면 그만이다. 이러한 쾌락이 자신이나 다른 사람에게 나쁜 영향을 끼쳤다면, 금욕은 자신뿐 아니라 다른 이들에게도 평안을 가져다 줄 것이다.

욕망을 절제하는 것이 고통스러울 수도 있다. 하고 싶고 좋아하는 일을 멈추기는 했지만 머릿속은 여전히 즐기고 싶은 마음과 욕망에 사로잡혀 있기 때문이다. 행동과 생각의 차이가 벌어지니 고통을 느끼게 된다. 머릿속에서는 즐기고 싶은 마음이 욕망을 끊기 전보다 훨씬 더 강해지면서 괴로움도 점점 커지게 된다.

고통에서 벗어나는 방법도 간단하다. 금욕을 그만두면 된다. 간절히 원하던 쾌락과 욕망에 푹 빠져 보는 것이다. 얼마 지나지 않아 신기한 사실을 깨닫게 될 것이다. 머릿속에서 그리던 황홀한 쾌락을 직접 경험해 보니 기대와는 다르게 하찮고 덧없는 것이었다는 사실을 말이다.

쾌락의 허망함에 낙심하면 다음번에는 애써 강한 의지로 금욕하려 들지 않아도 자연스럽게 욕망을 절제할 수 있게 된다. 아니면 이와 반대로 더욱 강렬한 쾌락을 좇아 한층 더 자극적인 상황이나 상태를 갈망하게 될 수도 있다. 이런 경우 쾌락 뒤에 맛보는 실망과 공허함은 훨씬 더 깊어진다. 더욱더 강렬한 쾌락을 위해 깊은 수렁에 빠져 이전 상태로는 돌아갈 수 없는 지경에까지 이르고 만다. 심지어 그 또한 고통으로 가해진다. 한번 빠지면 절대 헤어 나올 수 없는 개미지옥과 같다.

주변을 둘러보면 아무것도 이루지 못한 채 그렇게 익숙해진 지옥에서 언제까지고 기어 다니는 결말로 스스로를 이끄는 사람들이 많다.

> 가진 적도 없는데 버려놓고선 그리워하니
> 마음이 텅 비다 못해 헐게 될 수밖에.

03

설계된 욕망을
대신 욕망하지 말라

우리는 종종 '소비자'로 불린다. 소비자라는 명칭이 모멸스럽다는 사실은 차치하더라도, 우리는 소비 활동을 할 때 선택 시스템의 굴레 속으로 내몰리게 된다.

무언가를 손에 넣으려면 파는 곳을 찾아 이것저것 살펴보고 구입한다. 그렇게 분명히 자신의 의지대로 원하는 물건을 샀다고 생각하지만 실제로는 그렇지 않다. 우리는 그저 그곳에 준비되어 있는 한정된 상품 가운데 몇 가지를 골랐을 뿐이다.

그런 의미에서 모든 소비자는 선택을 강요하는 시스템이라는 제한된 공간에 갇혀 있다고도 할 수 있다.

우리가 선택의 굴레에 묶여 있는 순간이 쇼핑할 때만은 아니다. 누군가를 만나고 사랑할 때나 웃음을 지을 때조차 시스템 속에서 선택하도록 짜여 있다. 인생은 제공된 기회와 가능성에 대한 선택으로 가득 차 있다.

어릴 때는 학원이나 학교를 선택하고, 목표로 삼은 학교에 가기 위해 지역을 선택한다. 졸업 후에는 직종과 회사를 선택한다. 결혼해야겠다고 마음먹고서는 배우자를 선택한다. 나이 들어서는 퇴직 시기를 선택하고, 암과 같은 질병의 치료법을 선택하며, 인생의 마지막에서는 연명 치료 여부를 선택한다.

우리는 항상 이미 만들어져 있는 것들을 선택하며 살아간다. 이렇게 생각하니 인생이라는 과정이 뷔페에서 음식을 골라 담는 것과 크게 다르지 않아 보인다.

우리는 이러한 사실을 애써 외면하면서 산다. 그리고 선택이라는 행위가 인생을 온전히 살아가는 방법인 것처럼 생각한다. 선택지가 다양하기 때문에 자유롭다고 착각하는 것이다.

제아무리 선택지가 많다 해도 결국은 양옆이 담장으로 막혀 있는 길에 지나지 않는다. 주어진 길에서 우리는 무수한 선택을 하며 살아간다. 통치 체제나 시대 풍조, 그 시대 특유의 사고방식이나 가치관, 즉 미셸 푸코가 이야기한 '에피스테메episteme'가 우리 삶을 조종하고 있는 셈이다.

만약 그 담장을 넘어 밖으로 나간다면 비윤리적이라고 비난받을지 모른다. 어쩌면 정상이 아니라고 놀림을 받거나 낙오자로 취급받을 수도 있다. 그렇다면 그 담장 위로 올라가 줄타기하듯 아슬아슬하게 뒤뚱대면서 발을 내디뎌 보는 것은 어떨까.

그저 상품 진열대 위에 놓인 물건을 선택하고 주어진 즐거움만을 누리는 것이 아니라 지금까지 담장 사이에 없었던 무언가를 스스로 만들어 보는 삶을 살아 보는 것이다. 그것이 물건이든 생각이든 상관없다. 삶의 방식이어도 좋다. 잘 창조하면 예술이 될 것이고, 더 훌륭하게 창조해 낸다면 담장 사이의 폭이 넓어져 더 많은 사람이 다닐 수 있는 새로운 길이 생길 것이다.

설령 실패할지라도 스스로 만들어 나가는 삶임에는 틀림없다. 재탕에 삼탕까지 하며 내놓는 뷔페 같은 요리에 만족하는 사람이 창조의 재미를 알 리 없다. 창조적인 삶이야말로 자신의 개성을 살려서 사는 삶일 테니까 말이다.

"
나만의 궤적을
그려 나가고 싶다면
지금까지
내가 걷고 있던
길 밖을 상상할 수
있어야 한다.
"

1장 인생은 보이지 않는 작은 태도에서 결정된다

나를 만들어 가는 존재는
오직 나 자신뿐이다

교도소에 수감되면 자유를 빼앗긴다. 금고형이나 징역형은 원래 자유를 박탈하는 형벌이다. 당연히 주체적으로 살지도 못한다. 세끼 식사와 의료 혜택, 공짜 방이 주어진다고 해도 고통스러울 따름이다.

그런데 교도소에 수감되지 않더라도 자유롭고 주체적인 삶을 살지 못하는 사람이 있다. 바로 하루하루를 복종하며 사는 사람이다.

회사에서 상사가 이래라 저래라 지시하면 그대로 따

른다. 그것이 일이기 때문이다. 그래서 그 자신은 회사에 복종하는 줄도 모르고 있다. 그에게 일이란 괴로운 것일 따름이다. 그저 시키는 대로 업무를 처리하는 것이 일이기 때문이다. 만일 시키는 대로 일하지 않으면 질책을 받을 테고 혹시라도 상여금이 깎일지 모른다는 손익계산을 한다. 하고 싶다는 의욕에 차서 일하는 것이 아니니 일이란 언제나 시키니까 어쩔 수 없이 해야 하는 고역이다.

회사 안에서 이렇게 일하는 사람은 회사 밖에서도 주체적이지 못하게 산다. 상대방이 하는 말과 행동에 따라 자신의 태도와 의견을 바꾼다. 그래야 인간관계가 원만해진다고 생각하기 때문이다. 무슨 문제가 생겨도 마찬가지다. 남들이 하는 대로 따라 하며 문제를 해결한다. 쉬는 날에도 그저 자신이 아닌 남의 생각이나 의견에 반응할 따름이다. 시청자 반응을 치밀하게 계산해 만든 텔레비전 방송 프로그램을 보며 실없이 웃고, 광고에 나온 상품을 사러 다닌다. 싸게 구입하면 이익을 봤다고 흐뭇해하고, 좀 더 편하고 월급 많은 일을 바라며

구인구직 플랫폼이나 두리번거린다.

    이렇게 하루하루를 건성으로 받아들이면서 어중간하게 흘려보낸다. 온종일 복종과 반응을 반복하는 하루가 인생으로 쌓인다. 이런 삶은 수감된 죄수와 다를 것이 없다. 자존감이 낮고 주체성이 없어서 어디에서나 도구나 심부름꾼으로밖에 지내지 못한다.

    그 또한 마음 깊숙한 곳에서는 절절한 괴로움을 느낄 것이다. 인생은 괴로운 것이 아니다. 자신이 인생을 소홀히 하기 때문에 괴로운 것이다. 그런 인생에서는 '초라함'이라는 곰팡이만 날로 번식할 뿐이다.

> 인생은 고통이 아니다.
> 내가 살아가면서 고통을 선택한 것이다.

05

모든 감정에는
이유가 있다

버럭 화낸다. 과민하게 반응한다. 마음속에 일말의 불안이 생긴다. 안절부절못한다. 이와 같이 평정을 잃고 흔들리게 되면 부실한 성정 탓을 하지만, 마음의 동요는 성격과 아무런 관련이 없다.

마음은 왜 흔들리는 것일까. 바로 부채, 다시 말해 빚이 있기 때문이다.

마땅히 해야 할 의무를 마음속으로는 알고 있으면서도 슬그머니 방치하기 때문이다.

책임 앞에서 짐짓 모른 체하고 어떻게든 피하려고만 하기 때문이다.

과대한 환상을 품고 있기 때문이다.

버거운 일이 닥치면 쉬쉬하며 비밀로 덮으려고 하기 때문이다.

무슨 일이든 주눅 들지 않고 당당하게 살고 싶다면, 자신의 능력을 최대한 살려서 인생을 온전히 살고자 한다면 방법은 하나뿐이다. 자신을 동요하게 만드는 일을 똑바로 바라보고, 맨손으로 꽉 쥐어 놓치지 말고, 힘껏 맞서서, 마치 이미 극복한 것인 양 별일 아닌 일로 여기는 수밖에 없다.

그러다 보면 차츰차츰 어깨의 짐을 덜게 되어 마음이 편안해진다. 하루하루가 상쾌해지고 다양한 자연의 소리가 귀에 들어온다. 일찍이 경험하지 못한 평온한 나날이 찾아온다.

"

격랑과 마주한 어부는
비겁해지지 않으려고 기도한다.
그것이 격랑을 헤치고 나갈 수 있는
유일한 태도이기 때문이다.

"

06

이야기가 된 사람의
이야기를 듣는 것이 좋다

한 인물의 일생을 적은 전기傳記를 읽고 싶다. 출세하는 과정이나 무엇인가를 성취한 경험을 다룬 그저 그런 성공담이 아니라, 침이 마르도록 칭찬 일색이거나 심심풀이로 읽을 만한 수준의 이야기도 아닌, 한 사람이 살아가며 쌓아 나간 죄와 모순, 겉과 속을 냉정한 필치로 신랄하게 파헤친 전기를 읽고 싶다. 이를테면 슈테판 츠바이크Stefan Zweig가 쓴 위인전처럼 말이다.

반드시 그의 글이 아니라도 좋다. 한 사람의 평생을

'사실적realistic'으로 들여다 본 훌륭한 전기가 이미 책으로 많이 나와 있다.

전기는 타인의 시선으로 본 또 다른 타인의 말이나 행동을 극히 일부만 기술한 글에 불과하다. 하지만 책 여기저기에 굉장히 중요한 것들이 숨어 있기도 하다.

누구에게 중요한 것이겠는가. 당연히 책을 읽는 당신 자신이다. 그것을 깨닫는다면 누군가의 전기는 당신이 살아가는 데 유용한 길잡이가 될 것이며, 다시금 스스로를 들여다보고 바꾸는 일도 가능하게 해 줄 것이다.

"
앞선 이가 남긴 자취는
내가 제대로 가는지 가늠하게 하는
이정표가 되어 준다.

"

07

한 사람은 한 사람만큼의 인생밖에 못 산다

아무리 맛있는 고급 요리라 해도 배가 부르면 더 이상 먹을 수 없다.

그 어떤 명품 옷이라고 해도 한 번에 한 벌밖에는 걸칠 수 없다.

장인의 손으로 한 땀 한 땀 공들여 만든 구두라 할지라도 한 번에 두 켤레를 신을 순 없다.

도서관을 세워도 될 만큼 산더미 같은 책을 샀을지라도 전부 다 읽을 수는 없다.

구름떼처럼 많은 사람이 모여 있어도 우리가 만날 수 있는 사람은 일부다. 그중에서도 친밀한 관계를 맺을 수 있는 사람은 손가락으로 꼽을 정도다.

우리는 결국 '나 자신'이라는 단 한 사람의 인생만 살 수 있을 뿐이다. 그래서 고독할까. 아니면 부족할까. 한 사람은 한 사람만큼의 경험을 겪는다는 말은 그만큼 한 사람의 인생이 거대하고 깊다는 뜻이다. 그러니 오히려 풍요롭다고 할 수 있지 않을까.

적어도 인생을 충실하게 살고자 하는 사람에게는 그러할 것이다.

"

고작 한 사람만큼의
인생을 겪는 데에도
평생이 걸린다.
그런데 사람들은 왜
타인의 인생까지
대신 살아주려고 하는 것일까.

"

08

생각이 머무르는
공간을 마련하라

악보에는 음표만 있는 것이 아니라 쉼표도 있다. 쉼표가 있는 곳에서는 연주를 하지 않는다. 다시 말해 무음이다. 하지만 그 무음 역시 음악의 일부다.

우리의 일상을 각각의 즉흥곡이라 치면 악보 안에는 반드시 쉼표가 있어야 한다. 잠깐의 휴식이 있어야 음악을 이어나갈 수 있기 때문이다. 여기서 휴식이란 점심시간이나 쉬는 시간과 같은 의미가 아니다. 자신 안에 똬리를 틀고 있는 심란함이나 걱정, 의심을 깨끗이

지우고 마음을 비우는 시간을 의미한다.

    일이나 업무에서 벗어나 있어도 마음이 온통 일 생각에 사로잡혀 있다면 진짜로 쉬는 것이 아니다. 쉬지 못하면 기운이 빠져 지치고 만다. 어디에서도 활력을 찾아보기 어렵다. 지하철이나 길거리에서 초조하고 해쓱한 얼굴로 다니는 사람들을 많이 본다. 그들은 매력적이지 않다. 삶의 활력이 느껴지지 않기 때문이다.

    적어도 하루에 두세 번 정도는 휴식 시간을 갖자. 단지 일을 위해서만이 아니다. 휴식은 풍요로운 삶을 위해 더할 나위 없이 소중한 과정이다. 마음을 쉬게 하는 데 드는 시간은 15분이나 20분이면 충분하다. 그 시간만큼은 몸과 마음을 가만히 내버려둬야 한다. 감정은 두말할 것도 없다.

    문득 모든 것이 복잡하게 느껴졌다면 아무 일도 생각하지 말자. 세상만사 온갖 사물에서 멀찌감치 벗어나 만사를 내던지고 생각이 사라지는 이미지를 그리며 천천히 호흡한다. 머지않아 스스로가 투명해지는 기분이 들 것이다.

이런 휴식 시간을 갖고 나면 직면한 문제나 사안을 냉철하게 인식할 수 있게 된다. 예전처럼 초조해지거나 마음이 어지러워지지도 않는다. 나아가 어떻게 문제를 풀어가야 할지 해결책을 찾을 수 있을 것이다.

> 사는 게 지겹다면 삶에서 잠시 물러나자.
> 삶이 그리워질 것이다.

09

몰입,
시간과 나를 일치시킬 때

약속 장소에서 상대를 초조하게 기다릴 때에는 시간이 참 더디게 간다. 하지만 잠시 짬이 나서 들른 서점에서 재미있는 책을 발견해 페이지를 넘기다 보면 눈 깜짝할 사이에 시간이 지나간다. 어디 그뿐이랴. 아예 시간 가는 줄을 모른다.

누구나 이런 경험을 해 봤을 것이다. 시간은 마음과 밀접한 관계가 있어서 상황에 따라 더디게 혹은 빠르게 느껴지는 법이다. 자신이 무언가와 완벽하게 조화를 이를 때에는 시간의 흐름을 거의 느끼지 못한다. 반대로 조화를 이루지 못한 경우에는 무거운 추를 매단 듯 시간이 더디게 간다.

산만하거나 일에 차질이 생겼을 때, 반발심이 들 때, 조바심이 나거나 불화가 생겼을 때, 이해하기 어렵거나 동의하기 힘들 때, 조화롭지 않을 때, 적대 관계에 있을 때, 불안할 때 시간은 더디게 느껴진다.

반면에 서로 생각이 일치하거나 공감이 갈 때, 서로 협력하고 화합할 때, 이해할 때, 집중할 때, 일에 전념하거나 무언가에 몰두할 때, 관용을 베풀 때, 감응을 얻을 때, 흐름이 좋을 때에는 평상시보다 시간이 짧게 느껴지거나 아예 느끼지 못하게 된다.

일이나 인간관계가 원만할 때 시간이 어떻게 느껴질지는 굳이 말할 필요도 없을 것이다. 마음과 행동이 자신의 관심사와 꼭 맞아떨어지거나 같이 따라갈 때에는 모든 일이 술술 풀리고 목적한 바를 쉽게 이룰 수 있다. 뿐만 아니라 결실이나 성과, 충실함, 만족감이 넘칠 정도로 평온한 마음을 가져다준다. 이는 아름다운 연소

현상이며, 충만한 고요함이다.

마음이 녹아 한데 어우러지거나 서로 사랑할 때에도 시간은 온데간데없이 모습을 감춘다. 시간이 사라졌을 때의 희열과 완벽하게 일을 성취했을 때의 충실감은 서로 포개지는 부분이 많다.

조화의 기쁨은 인간의 본원적인 감정이다. 고전에서는 이를 종종 '영원의 순간'이라 일컫는다. 영원의 순간에 있을 때 사람은 더욱 생산적으로 바뀐다. 자신이 생각하는 대로 일이 척척 진행된다. 강속구로 날아오던 공이 마치 정지된 것처럼 보이면서 공의 솔기까지 눈에 들어오고, 다음의 한 수도 정확하게 읽을 수 있게 된다. 또한 애써 생각하지 않아도 쭉쭉 잘 나가는 자동차처럼 생각이 퍼뜩퍼뜩 떠오른다. 상대방과 자신의 마음이 하나가 된다.

이럴 때는 굳이 의식하지 않아도 저절로 집중하고 몰두하게 된다. 자의식마저 잊어버릴 만큼 집중하게 되면 사람은 가장 생산적인 상태가 된다. 특히 창조적인 일을 하는 사람이 이러한 상태를 좀 더 자주 경험한다. 경힘이 많아질수록 집중할 수 있는 비결을 자연스럽게 터득하기에 남보다 훨씬 짧은 시간 동안 일을 척척 해낸다.

이와 같이 몰입 상태에 쉽게 빠져들도록 도와주는 훈련법이 몇 가지 있다. 옛날부터 내려오는 대표적인 방법으로 명상을 꼽을 수 있다. 오늘날에는 음악으로 손쉽게 훈련할 수 있다. 음악은 울려 퍼지기만 해도 마음을 한데 아우르는 힘을 지니고 있다.

하지만 헤드폰을 끼고 길을 걸으며 듣는 음악으로는 효과를 기대하기 어렵다. 청각과 시각과 신체 감각이 따로국밥처럼 제각각이기 때문에 마음이 한데 모아지지 않고 오히려 산만해지기 쉽다.

음악으로 간단히 시간의 영원성을 느끼고 심신을 집중하는 체험을 하고 싶다면 드뷔시의 '달빛Clair de Lune'을 들어 보라. 바로 효과를 느낄 수 있을 것이다. '달빛'이 공간을 채울 때 시간에 대한 감각은 순식간에 멀어지면서 실제로 달빛을 보게 될 것이다.

"

무언가를 사랑할 때
사람은 온전히
현재에 몰입하게 된다.
그래서
지금을 사랑하는 사람은
미래를 두려워하지 않는다.

"

책에는 저자와 독자의 우주가 담겨 있다

곧 서른을 앞뒀거나 이제 서른 줄에 접어든 사람이 나에게 독서에 대한 조언을 청한다면 내 경험을 있는 그대로 말해 줄 것이다.

책을 읽을 때에는 항상 고전을 한 권 이상 포함한다. 대체로 고전은 두껍고 어려워 보이지만, 그럼에도 다른 책과 병행해서 읽기를 권한다. 처음부터 끝까지 찬찬히 읽어 나간다면 그것만으로도 일종의 성취감을 맛볼 수 있다. 그조차 힘들 것 같아도 상관없다. 띄엄띄엄 건너

뛰며 읽으면 된다.

다만 특정 고전까지 추천하지는 않는다. 어떤 고전이 좋다는 기준은 없다. 고전이 가진 의의는 저자가 전하고자 했던 이야기가 시간에 바래지거나 스러지지 않고 지금까지 읽힌다는 데 있다. 책을 선택하기가 힘들다면 제목이나마 귀에 익은 동서양의 고전부터 먼저 읽어보는 것도 좋다.

고전을 읽는 데 익숙해지면 성경도 같이 읽는다. 읽다 보면 놀랄 만한 일이 계속 일어날 것이다. 고전을 읽으면서 고개를 갸웃했던 표현이나 이름, 에피소드, 지명의 의미를 이해하게 된다. 대부분의 서양 고전이나 서양 문화는 성경을 근간으로 삼고 있기 때문이다. 만약 성경을 읽지 않고 고전 읽기를 고집한다면 고전은 영원히 어렵게만 느껴질 것이다. 성경의 내용을 모르면 서양 철학은 물론이고 음악이나 그림조차 이해하기가 쉽지 않다. 실제로는 성경 지식 없이 자신이 몸담은 분야를 연구하는 학자가 적지 않지만 말이다.

자신의 관심사나 일에 관련된 책도 좋지만, 여기까

지 읽어봤다면 더러는 이해관계나 흥미와는 한참 동떨어진 책, 싫어하는 분야의 책도 함께 읽기를 권한다. 학창 시절 낙제점을 받던 수학 분야의 책이나 화학 교양서도 좋고 우주물리학이나 해부학 분야의 책들도 괜찮다.

그런 책을 읽어 봤자 사는 데에는 아무런 보탬도 되지 않는다고 생각할지 모르겠다. 하지만 삶에 새겨지는 경험 가운데 쓸모없는 것은 없다. 글로 정제된 다양한 목소리에 귀를 기울이다 보면 세상에 대한 이해가 한층 깊어지고, 새로운 발상을 할 때 뜻밖의 도움을 받을 수도 있다.

여유가 있다면 초보자를 위한 외국어 입문서를 읽는 것도 언젠가는 도움이 된다. 영어뿐 아니라 고대 그리스어나 라틴어 책은 바로 다음날부터 효과가 나타날 것이다. 거리에서 흔히 보이는 간판에 적힌 상호들은 대부분 그 언어들에서 따다 붙인 이름이니까 말이다.

> "
> 독서는 누군가가 자신의 전 인격을 걸고
> 힘껏 전하는 목소리에 귀를 기울이는
> 귀중한 경험이다.
> "

2장

하루를 맞는
태도가 모여
인생이 된다

11

어른이면
어른답게 입어라

몸을 한껏 치장했다고 해서 인생이 아름다워지지는 않는다. 그러나 지저분한 모습으로 지낸다면 누구라도 가까이 다가가기를 주저할 것이다. 이는 결국 인생을 잃는 것과 같다.

패션은 예의다. 드러나는 몸가짐을 정리하는 것은 상대방을 배려하고 존중하는 일이기도 하다. 그 마음가짐이 아름답기에 마침맞은 패션에는 아름다움이 있다.

반대로 그저 과시하기 위해 치장하거나 누군가를 기

만하려는 마음에서 비롯된 패션은 보이고 싶은 자신을 연기하는 것이거나 자기 자신에게만 관심 있는 행동이 된다. 누구나 아름답다고 공감하는 연기나 자의식은 여간해서는 찾아보기 어렵다.

"
어떤 차림은
일방적으로 자신을
납득시키려고 하고,
어떤 차림은
상대방과 대화를 하려고
시도한다.

"

세상에 대한 혐오로
자신에 대한 미움을 덮지 말라

독일어에 '미스마허Miesmacher'라는 단어가 있다. '트집 잡는 사람, 흥을 깨는 사람'이라는 뜻인데, '무슨 일이든 찬물을 끼얹는 사람'으로도 해석할 수 있다.

이런 사람은 스스로를 비운의 주인공이라고 여긴다. 축하할 일을 엉망으로 만들거나, 다른 사람의 즐거움이나 성공을 기뻐하지 못하고, 밝은 날을 어둡게 만든다. 날 선 도끼로 장작을 패듯 주변 사람들의 기분을 상하게 한다.

물론 그렇게 트집 잡는 사람에게도 나름대로 할 말은 있을 것이다.

"세상에 좋은 일이 있으면 나쁜 일도 있는 법이니 우쭐대지 말고 현실을 똑바로 봐야 한다."

"좀 더 냉정해지라고 걱정해 주는 것이다."

하지만 이는 어디까지나 그럴싸한 변명에 지나지 않는다. 트집 잡는 사람의 마음속에는 혼탁한 시샘과 질투, 태만과 야비함이 득실득실하다.

왜 트집을 잡는 것일까? 트집 잡는 사람은 자신이 간절히 원하는 바를 스스로의 힘으로 성취한 경험이 없기 때문이다. 그저 수수방관하며 요행이나 기다리고 있을 뿐이다. 자신은 남들보다 뛰어난데 사람들이 아둔해서 자신의 진가를 알아보지 못하고 있다는 망상에 사로잡혀 있다.

그들이 불운한 까닭은 기회를 만나지 못해서가 아니다. 자신이 불운하다는 생각에 사로잡혀 스스로 불운으로 들어갔기 때문이다.

일을 성취하는 사람과 어디에서나 박수받는 사람,

이른바 성공을 거둔 사람은 한결같이 트집만 잡는 사람과는 정반대로 행동한다. 야비하지 않고 넉넉하면서 항상 밝은 마음으로 산다.

> 누군가를 사랑하고 싶다면
> 자기 자신부터 사랑하라.

시작점이 아니라
도착점이 지나온 길을 증명한다

한번 손댄 일은 무슨 일이 있더라도 끝까지 해내야 한다. 결과적으로 안 될 것이 불 보듯 빤하더라도 도중에 포기하지 말고 관철해야 한다. 그리고 마무리는 반드시 자신의 손으로 매듭지어야 한다. 이렇게 처음부터 끝까지 스스로 관여한 일만이 자신의 경험으로 쌓이게 된다. 그렇게 쌓인 경험은 자연스레 다음 단계를 위한 발판이 될 것이다.

설령 실패를 했더라도 그 경험은 오롯이 자신만의

확실한 발판이 되어 줄 것이고, 그 실패 덕에 다음 기회를 얻을 수 있게 된다. 큰 실패를 겪고 나면 절대로 실패 이전으로는 돌아가지 않게 된다.

혹시라도 중도에 포기한다면 깊은 후회로 몸부림치게 될 것이다. 포기를 택할 때 당장 그 순간은 모면했다는 해방감을 만끽할지 몰라도 머지않아 자기혐오에 빠지게 된다.

결과를 내다보고 자신이 손해 볼 것 같다는 이유로 어정쩡하게 물러나면 아무것도 손에 쥘 수 없다. 자신의 예상이 옳았다는 확증 또한 어디에도 없을 것이다. 오히려 중도에서 이탈했기 때문에 마음을 정리하기도 힘들고 주위 사람만 실망시키게 된다.

그러니 서툴러도 괜찮다. 무슨 일이 있더라도 지금 자신의 힘으로 해내야 한다. 아무리 하찮게 보이는 일이라도 상관없다. 무슨 일이든 결과 따위 전혀 계산하지 말고, 푹 빠져서, 젖 먹던 힘까지 쏟아부어 끝까지 최선을 다해야 한다.

> 미완의 명작보다
> 어떻게든 마무리된
> 범작이 더 위대하다.

14

재능은 모든 사람에게
깃들어 있다

세상을 떠도는 미신 중에 사람들이 진실이라 굳게 믿는 것들이 있다. '재능은 태어날 때부터 타고나는 것'이라든가 '재능은 유전된다'라는 말 또한 그렇게 일상에 자리 잡은 뿌리 깊은 믿음 가운데 하나다.

하지만 재능은 이미 몸 안에 잠재되었거나 남모르게 축적된 어떤 특별한 힘이나 에너지가 아니다. 재능은 막연한 무언가도 아니다. 재능은 지극히 명확한 것, 실제로 눈앞에 드러나는 것이다. 즉 재능은 무언가를 '이루는' 것이다.

그림에 재능이 있어서 화가가 되는 것이 아니다. 그림을 그렸기 때문에 화가가 되는 것이다. 소설을 썼다면 소설에 재능이 있다는 뜻이고, 장사를 했다면 비즈니스에 재능이 있다는 뜻이 된다. 아무것도 이룬 것 없이 재능이 있다고 말할 수 있겠는가.

그러므로 자신에게 재능이 없다고 생각해서는 안 된다. 재능이 없으면 재능을 심고 키우면 된다. 방법은 간단하다. 무언가를 이루면 된다. 끝까지 완수하면 된다. 그렇게 완주한 경험이 쌓이다 보면 그것이 자신의 재능이 된다.

무슨 일이든 강인한 실천력으로 헤쳐 나가지 않으면 그 어디에서도 재능은 발견하기 어렵다.

“

삶을 마지막 순간까지
완주해냈다면
그는 '인생의 천재'로 산 것이다.

”

15

파도를 이겨낸 당당한 얼굴은 주름으로 가득하다

스스로 필요로 하는 바를 찾아내고, 일을 통해 능력과 개성을 살리고, 짊어진 일을 성취해내며, 자신뿐만 아니라 다른 사람들까지도 넉넉하게 먹고살 수 있게끔 돈을 버는 사람. 우리는 그런 사람을 가리켜 프로페셔널이라고 한다.

이때 지위와 자격은 아무런 관계가 없다. 그 사람의 존재가 일과 하나로 포개진다면 진정한 프로페셔널이라 할 수 있다. 프로페셔널이라고 해서 언제나 손쉽게 일을 처리하는 것은 아니다. 하나하나마다 정성을 들이고, 머리를 짜서 궁리하며, 홀로 묵묵히 생각을 거듭한다.

이따금 시행착오를 겪기도 하고 절망의 문턱에서 비관을 뿌리치기도 하며, 책임을 버리고 도망치기를 꿈꾸기도 한다. 그러다가 조용히 도움을 청하고, 몸부림도 치다가 다시 본연의 자신으로 돌아와 알게 모르게 도움을 받아가며 일을 완수한다.

그리고 프로페셔널은 항상 마지막에 모두를 향해 "고맙습니다"라고 말한다. 이것은 보기 좋게 꾸민 예의가 아니다. 본심에서 우러나온 프로페셔널의 진정한 마음이다.

"
전문가란
자신이 살아낸 인생을
자신이 하고 있는 일에
담아내는 사람이다.
"

나도 감히 나를
짐작해서는 안 된다

우리는 자신의 생각과 행동을 스스로 옭아매곤 한다. 어떤 일을 시도할 때 지레 못하겠다고 생각하면 십중팔구 정말로 못하게 된다. 게다가 시도할 마음조차 사라지고 만다.

당연한 이치라는 것을 알고 있으면서도 한편으로는 자신의 생각과 행동을 통제하고 가능성에 한계를 두는 사람이 있다. 예컨대 자신의 성격을 함부로 단정짓는 것이다. 목적한 바를 이루기 위해 매진하면서도 마음 한편으로는 스스로 외고집에 융통성 없는 성격이라고 못 박아버린다. 그러면 희한하게도 앞뒤가 꽉 막힌 벽창호 같은 대응밖에 하지 못하게 된다. 또한 스스로를 소극적인 성격이라고 단정하면 소극적인 행동만 도드라지게 의식하게 된다.

사람마다 변하지 않는 고유한 성격과 성향을 갖고 있다고 생각하는 것은 망상이나 지어낸 이야기를 믿는 것과 다르지 않다. 우리는 현실을 봐야 한다. 사람은 처해 있는 상황에 따라 얼마든지 바뀔 수 있다. 실제로 우리는 그때그때 상황에 맞게 전혀 다른 사람처럼 행동하곤 한다. 수십, 수백 가지의 얼굴과 인격을 가진 것처럼 말이다.

주변에서 착하다고 인정받는 사람이 있다고 치자. 지금은 온화하고 지성미가 돋보이는 모습을 하고 있지만 전쟁이 일어났을 당시에는 그가 살인과 잔혹한 행동을 서슴지 않았을 수도 있다.

인간은 한 가지 성격으로 고정된 존재가 아니다. 그러므로 타인과 자신의 성격 때문에 냉가슴을 앓거나 심각하게 고민하지 않아도 된다. 미신을 철석같이 믿어서는 안 되며 자신을 우물 안의 개구리로 만드는 좁은 생각과 행동, 예를 들면 별자리나 혈액형, 십이간지, 이름 획수 운명론 따위가 말하는 망언에는 눈도 감고 귀도 막아야 한다. 그렇게 하지 않으면 가능성이 축소되고 자신이 작아진다.

스스로를 옭아매지만 않는다면 우리는 무엇이든 될 수 있고, 자유자재로 행동할 수 있다. 거대한 가능성이 눈앞에 펼쳐진다. 인간은 만능 점토처럼 마음만 먹으면 얼마든지 변할 수 있는 유연함과 가능성을 가진 존재이기 때문이다.

> 나는 도달하지 못할 나에 갇혀
> 나를 버거워했다.
> 나를 평생 가로막던 존재는
> 바로 나 자신이었다.

인생이란 경험으로 경험을 대체하는 과정이다

'왜 인간은 후회하는가.'

철학자 쇼펜하우어Arthur Schopenhaue는 이 질문에 이렇게 대답했다.

> 인식이 변한 것이다. 행위를 했을 당시의 인식, 사물을 보는 견해와 사고방식, 가치관이 훗날 다르게 변해 버렸기 때문이다. 만약 예전 그대로 인식하고 있다면 후회는 생길 리 없다.

다시 말해 무언가를 행하기 전과 행한 다음의 인식은 별개라는 뜻이다. 인간은 행위와 경험에 따라 인식과 가치판단을 바꿔 나간다. 쇼펜하우어의 주장이 어디까지 타당한지 선뜻 말할 수는 없다. 다만 경험은 생각과 견해, 가치관을 변하게 한다고 단언할 수는 있다.

그러면 그 틈새에 이런 견해가 삐죽 고개를 내밀 수도 있다. '경험자는 미경험자보다 노련하고 숙련도가 높다고 믿어 의심치 않는다.' 어느 정도는 맞는 말일지도 모른다. 예컨대 컴퓨터 게임 속 캐릭터는 경험치 experience point가 클수록 능력이 높아지니까 말이다.

하지만 인간은 게임 캐릭터처럼 단순하지 않다. 똑같은 일을 두 사람이 동시에 시작해서 동시에 그만뒀다고 해도 그 두 사람은 분명히 서로 다른 것을 경험했을 것이다. 얕게 혹은 깊게, 경험의 질도 다를 것이다. 우리는 단 한 번의 경험을 통해 중요한 요령을 익히기도 한다. 물론 그 반대의 경우도 있을 수 있다.

곰곰이 생각해 보면 지금 이 하나하나의 일이나 매일 마주하는 인간관계와 잡다한 일 모두가 자기 자신을 바꾸는 경험임에 틀림없다. 지금 이 순간, 오늘 하루가 나를 창조하는 것이다.

그러므로 풍요로운 삶을 위해서는 의식적으로 선행을 실천하기보다는 평소에 차근차근 혼신을 다해 일해야 한다. 또한 그것을 미래의 자신을 위한 자양분으로 삼아, 일상의 경험을 소홀히 하거나 가치 없고 의미 없다고 단정짓지 말아야 한다.

> 경험은 나를 감싸 주는 껍질이 되어 준다.
> 오래된 껍질은 성장을 방해한다.
> 산다는 것은 끊임없이 껍질을 허물고
> 또 만드는 과정이다.

의미는
관계에서 생겨난다

사물의 의미는 어디에 있을까. 세상에 존재하는 모든 것에는 의미가 포함되어 있는 것일까.

아니다. 사물과 연관된 내용이 의미 속에 내재되어 있다. 따라서 외부에서는 전혀 보이지 않으며, 어떤 사물일지라도 의미를 미리 헤아릴 수는 없다.

이를테면 자녀 양육이나 결혼, 인생에 어떤 의미가 있는지 제아무리 머리를 굴려도 "바로 이거야!" 하며 무릎을 칠 만한 정답이 나올 리 없다. 취업 전에는 이것저것 자료를 뒤져 업종과 기업에 대해서만 연구하고선 직장을 가진 다음에야 비로소 일의 의미에 대해 생각한다면 실망스러운 결과를 맞이하기 쉽다.

깊이 생각하면 정답을 끌어낼 수 있다고 굳게 믿는 습성은 오로지 성적으로만 진로를 결정하는 학교 교육 체계가 몸에 밴 탓일지도 모르겠다.

하지만 학교 시험이 아닌 실제 인생에서는 미리 준비된 정답이란 존재하지 않는다. 처음부터 특별한 의미를 지닌 사물이 있을 리 없다. 사물은 단지 사물일 뿐이다. 자신이 그것과 관계를 맺을 때 그제야 의미가 생성되는 것이다.

사물과 어떻게 관계 맺느냐에 따라 의미도 변한다. 어설프게 관계를 맺으면 아무런 의미도 찾을 수 없다. 만사가 따분할 따름이다. 깊고 진지하게 관계를 맺어야만 의미를 풍성하게 찾아낼 수 있다. 그 의미는 자기 인생의 의미이자 삶의 보람이 된다.

같은 일에 관계를 맺었다고 해서 모두가 똑같을 수는 없다. 저마다의 개성과 삶의 방식에 따라 의미의 색

조가 바뀐다. 그래서 똑같은 일을 다른 사람이 그대로 이어받더라도 같은 성과를 내지 못하는 것이다.

　노하우나 스킬을 운운한다면 아직 의미나 재미를 제대로 알지 못한 것이다. 거기서 훌쩍 뛰어넘어선 지점에 도달해야 의미는 그 속살을 드러낸다. 산꼭대기에 올라야 간신히 나무들 틈새로 먼 경치를 바라볼 수 있는 것처럼 말이다.

"

의미가 부여된 모든 것에서
우리는 서로의 원인이자 서로의 결과가 된다.

"

3장

생각을
바꾸고 싶다면
태도부터 고쳐라

어른은 '가지는 것'이 아니라 '되는 것'이다

젊은이는 꿈과 희망을 말한다. 먼 바다를 항해하는 선박의 선장이 되고 싶다. 이것은 꿈이다. 얼마든지 실현 가능하다. 화가가 되고 싶다. 이 또한 꿈이다. 현실적으로 될 수 있다. 하지만 자그마한 잡화점을 갖고 싶다. 이것은 꿈이 아니다. 돈을 많이 가지고 싶다. 이것 역시 꿈이 아니다.

잡화점을 갖고 싶은 바람은 왜 꿈이 아닐까. 얼마간의 돈이 마련된다면 다음 달에라도 그것을 가질 수 있기 때문이다. 하지만 준비된 경영자가 아닌 탓에 머지않아 망할 확률이 높다. 경영을 공부하고 경험을 쌓지 않으면 진정한 사업가가 될 수 없다. '가진다'와 '된다'는 달라도 너무 다른 말이다. 그럼에도 불구하고 이 두 가지를 혼동하는 사람이 많다.

무언가를 가진다는 것은 가능성을 넓히는 일이기는 하나, 가능성을 공고히 하지는 못한다. 가령 돈이 많으면 사업을 일으킬 가능성도 높아지지만 실제로 사업을 벌여서 성공하는 것은 별개의 일이다. 그런 이유로 기업 대표의 아들이 젊은 나이에 사장 자리를 물려받는다고 하더라도 사업가로서 수완이 없으면 회사가 제대로 돌아가지 않을 것이다.

부자가 되는 길은 매우 어렵다. 그 사람 자신이 먼저 무언가가 되어야만 부자가 될 수 있기 때문이다. 그러고 보면 '부자가 된다'는 표현에는 '부자'라는 명사와 '된다'라는 동사 사이에 들어갈 말이 송두리째 빠져 있다. 혹은 '부자'의 앞부분을 완전히 망각한 표현일지도 모른다. '성공한 사람이 되고 싶다'라는 표현도 마찬가지다.

마크 롤랜즈의 《철학자와 늑대 The Philosopher and the Wolf》에는 이런 말이 나온다.

> 영장류는 자신이 소유한 것을 기준으로 자신을 평가한다. 하지만 늑대에게 중요한 것은 소유의 사실이나 소유의 정도가 아니다. 늑대에게 중요한 것은 어떤 늑대가 되느냐는 것이다.

무언가를 소유하면 우리는 그것이 자신의 것이라고 철석같이 믿는다. 자신에게 속해 있고 자기 곁에 착 달라붙어 있을 것이라고 생각한다. 그래서 소유자인 자신을 특별한 사람으로 착각한다.

당연히 말도 안 되는 얘기다. 무엇을 소유하든 언젠가는 상실하고 만다. 그렇기 때문에 타인과 적대 관계가 되고, 남으로부터 자신을 지키려고 애쓰는 것이다. '구두쇠'라는 표현이 이에 딱 맞아 떨어진다.

자신이 소유하고 있는 것에 계속 얽매인다면 무언가 계속 '되는 것'은 불가능해진다. 그 사람을 그 사람답게 하는 일이란 무언가를 계속 가지는 것이 아니라 무언가가 계속 되는 것이기 때문이다. 그렇지 않고서는 그저 그런 평범한 사람도 아닌, 괴상한 생물에 불과할 것이다.

다시 말해 사람은 '되는' 것은 가능하되, '가지는' 것은 불가능하다. 소방대원이든 친절한 사람이든 군인이든 뭐든 될 수 있다. 사람은 그 사람 나름대로 언제나 무언가가 계속 되어가고 있다. 늑대는 어떤 종류의 늑대가 되어 그것을 유지하기만 하면 그만일 테지만, 사람은 그렇지 않다. 무언가가 항상 계속 되는 것만이 그 사람다운 사람이 될 수 있다.

내가 만약 아무 글도 쓰지 않는다면 나는 글쟁이가 아닌, 그저 비행기나 타고 쏘다니는 기묘한 생물이나 다름없을 것이다. 마찬가지로 정치인이 법안을 통과시켜 시민의 생활에 공헌하지 않는다면 세금만 갉아먹는 생물에 지나지 않을 것이다.

철학자 니체Friedrich Nietzsche는 '인간은 생성한다'고 생각했다. 생성은 사람을 사람답게 한다. 자기 실현화에 대한 말이 아니다. 원래부터 고정된 자신 따위는 없다. 인간이란 무언가가 되는 움직임을 계속하는 존재이기 때문이다. 누구나 매순간 생성함에 따라 변신하며, 일정한 계통을 갖고 변신해야 바로 그 사람인 것이다.

어린이는 일부러 의식하지 않아도 이를 깨닫고는, 망설임 없이 눈을 반짝이며 무언가가 되는 것에 대해 이야기한다.

> "
> 보물 지도의 의미가
> 모험을 떠나는 데 있듯이,
> 꿈의 의미는
> 현실로 되어 가는 과정에 있다.
> "

20

고정관념을 버리란 생각도
고정관념일 수 있다

십 년 넘도록 그림을 그려왔는데도 평범한 작품밖에 그리지 못하는 사람이 있다. 반면에 붓을 든 지 얼마 되지 않았는데도 놀랄 만한 작품을 잇달아 그려내는 사람이 있다. 이는 머릿속에 그림에 대한 개념과 고정관념이 있느냐 없느냐의 차이에서 비롯된 것이다.

'그림이란 이런 것이다'라는 고정관념에 사로잡힌 사람은 언제나 기성 작품과 비슷한 그림을 그리거나 특별할 것 없는 고만고만한 그림밖에 그리지 못한다. 그림뿐 아니라 음악이나 시, 서예, 문장을 비롯해 모든 분야가 마찬가지다.

대부분의 사람은 현재 상황에서 벗어나 좀 더 풍요롭고 자유롭게 생활하기를 꿈꾼다. 하지만 그런 사람의 머릿속은 고정관념으로 꽉 차 있다.

고정관념으로 똘똘 뭉친 사람이 현재 하고 있는 일과 전혀 다른 일, 이를테면 출판사를 창업해 활약하고 싶다는 결심을 새로이 한다고 가정하자. 아마 그는 출판 업무와 편집 기술에 대해 가르치는 학교나 학원 문부터 두드릴 것이다. 졸업한 뒤에는 유명 출판사에 취업하는 계획을 세울 것이다.

그런데 도대체 그는 무엇을 하고 싶었던 것일까. 꿈을 실현하기 위해 행동으로 옮기는 듯 보이지만, 실제로 그가 하려는 일은 그저 머릿속에 있는 고정관념을 그대로 모방하는 것뿐이다. 그에게는 그 고정관념이 꿈을 이뤄 줄 유일한 방법이기 때문이다.

그의 머릿속에는 출판은 당연히 학교에서 배우고 직장에서 익히는 것이라는 생각이 뿌리 깊게 박혀 있다. 그러나 출판인이 되기 위해서는 몇 년간의 기초 공부와 직장에서의 경력이 필요하다는 생각 또한 고정관념일 뿐이다.

만일 누군가에게 이런 꿈을 털어놓는다면 상당히 계획적이라는 평가를 받을 수도 있다. 비슷한 수준의 고정관념이 머리에 꽉 들어찬 주변사람들은 견실하고 실현 가능성이 매우 높은 계획이라며 칭찬과 응원을 아끼지 않을 것이다.

하지만 계획대로 출판사에 들어갔을 때 그는 한동안 자신이 상상했던 것과는 다른 일밖에 할 수 없을 것이다. 그리고 그 지점에 오래 머무르며 정체된 자신에게 익숙해지면 원래 하고 싶어 했던 출판사 창업과 독립은 영영 멀어질 것이다. 고정관념으로 세상을 바라보는 사람은 꿈도 고정관념처럼 꿀 테니까 말이다.

> 고정관념은 생각의 휴식처가 되어 준다.
> 우리는 잠시 쉬려다가 일어설 때를 놓쳐
> 영영 주저앉곤 한다.

21

자신을 깨뜨려 본 사람만이
세상을 깨뜨린다

사람은 보고 듣는 것에 따라 사물의 속성을 머릿속에 차곡차곡 저장한다. 이는 인생을 살아가는 데 있어 경험이 되고 도움도 된다. 그러나 보고 들은 사실이 일종의 편견이나 고정관념으로 머릿속에 각인되는 경우도 심심찮게 볼 수 있다.

많은 사람이 편견과 고정관념의 눈으로 세상을 바라본다. 더군다나 시대 특유의 고정관념이 두텁게 덧칠된 채로 말이다. 숱한 고정관념이 거의 상식으로 자리를 꿰차고 있다. 숙덕공론의 대부분은 서로 상식을 확인하며 안심하는 내용이다. 아니나다를까, 세상에는 속물들이 판을 친다.

그런데 그들은 속물이면서 사행심과 야심을 남몰래 품고 있다. 현 상태에서 앞으로 한 가지만 더 갖춘다면 뛰어난 인물이 될 것이라고 진심으로 믿고 있다.

여기서 그 한 가지란 재능, 자금, 자격, 면허, 기회, 인맥, 환경, 시간, 건강 같은 것을 가리킨다. 이들 요소 가운데 한 가지 이상만 갖춘다면 상황이 역전되어 유명해지거나 부자가 되고, 자신이 꿈꾸던 모습이 될 수 있다고 생각한다.

하지만 실제로 뛰어난 인물이 된 사람은 아예 그런 생각을 하지 않는다. 자신의 부족한 점에 연연하지 않는다. 고정관념 자체를 갖고 있지 않다. 오히려 비상식적이기도 하다. 이른바 '상식적'이라는 사람의 관점에서 본다면 그런 사람은 괴짜나 다름없다.

그러나 그들이 괴짜인데다 기이한 행동을 해서 일을 멋지게 해내는 것이 아니다. 속물들의 눈에는 괴짜

에다 툭하면 원칙을 깨고 기이한 행동을 일삼는 것처럼 보일지 모른다.

하지만 그들은 자유로운 영혼으로 마음껏 행동했기 때문에 새로운 방법으로, 기존에 없는 새로운 형태로, 본때 있게 일을 해내는 것이다. 극단적으로 말하자면 애초부터 길이 달랐다고 할 수 있다.

그런데도 속물들은 어떻게 하면 자유로운 사고법이 가능한지 궁금해한다. 그런 생각 자체가 가장 전형적인 속물의 특성인 줄 모르고 말이다. 노하우를 알고 싶어 하며 기웃거리거나 방법론을 궁금해한다는 것은 어딘가에 이미 만들어진 확실한 길이 있다고 단정짓는 생각이기도 하다. 학교에 가면 유익한 것을 가르쳐 준다고 생각하는 것과 똑같은 발상이다.

이런 사고법은 이미 고정관념에 사로잡혀 있다는 증거이자, 자유로운 사고법과 정반대인 속물적인 특징이다.

> 뉴턴은 저절로 익어 떨어지는 사과를 당연하게 생각하지 않았다.

22

지름길을 찾으려고 하지 말라

가톨릭 신부였던 앤소니 드 멜로Anthony de Mello의 저서 《일분 헛소리*One Minute Nonsense*》에는 다음과 같은 우화가 나온다.

"넉 달 동안이나 스승님 곁을 지켰지만 스승님께선 아직도 어떤 방법이나 기법을 제게 가르쳐 주지 않으셨습니다."

"방법? 대체 무슨 방법을 바란단 말인가?"

"내적 자유를 얻는 방법이요."

스승이 껄껄 웃었다.

"방법이라는 올가미를 사용해 스스로 자유를 얻으려면 대단한 기법이 필요하고말고."

이 이야기에서 제자는 비법을 알고 싶은 마음에 초초해하면서 시간을 감내했다. 현실도피를 꿈꾸는 대부분의 사람도 이 제자와 비슷한 생각을 할 것이다. 아주 먼 옛날 불로장생 묘약의 원료가 되는 약초를 찾아다니던 약초꾼도 마찬가지였다.

현실도피를 꿈꾸는 사람들은 자신이 원하는 것을 얻은 사람이 무언가 특별한 기법이나 비법, 비밀, 요령, 노하우 등을 알아냈으면서도 그것을 감추고 있다고 굳게 믿고 있다.

사실은 그런 생각 자체가 자신을 구속하는 고정관념이며, 이를 걷어내지 않으면 아무리 좋은 상황이더라도 제자리걸음만 하는 꼴이 된다는 사실을 모르고 있다.

덧붙이자면 약초꾼들은 불로장생의 약초를 끝내 찾아내지 못했다. 하지만 불로장생하는 신선들은 있었다. 신선들은 늙고 죽는 것에 전혀 연연하지 않고 넉넉한 마음으로 한가로이 살았기 때문에 불로장생할 수 있었다고 한다.

세상 어딘가에 묘약이 존재할 것이라고 상상하거나, 비밀스런 기법이 틀림없이 있다고 믿고, 한 술 더 떠 낯선 곳으로 떠나면 새로운 자기 자신과 새 인생을 찾을 수 있으리라고 기대하는 것은 자신을 고정관념의 사슬로 칭칭 얽어매는 자세다.

자꾸 밖으로만 눈을 돌려 무언가 특별한 것을 찾아 헤맨다면 다람쥐 쳇바퀴 돌 듯 계속 제자리에서만 맴돌게 된다.

> 파랑새를 찾으러 떠났던 소년은
> 집에 돌아와서야 파랑새를 발견했다.

23

부정당해 본 적이 없다면
참신한 발상이 아니다

새롭고 획기적인 것, 지금까지의 수준을 훌쩍 뛰어넘는 무언가를 만들어내기란 쉽지 않다. 이는 지도를 펼쳐 놓고 그 위에서 이리저리 목적지를 옮겨 다니는 것과 차원이 전혀 다른 일이기 때문이다.

예술로 예를 들어 설명하자면, 르누아르Pierre-Auguste Renoir나 세잔Paul Cézanne 같은 새로운 기법의 회화를 선보인 화가의 작품이나 엘로이James Ellroy의 소설처럼 독보적이고 획기적인 문체로 쓰인 글 또는 일찍이 보사노

바처럼 그 자체가 새로운 장르가 된 음악 등과 같이 참신한 무언가를 만들어내려면 제일 먼저 자기 자신부터 새로워져야만 한다.

새로운 것은 어느 날 갑자기 하늘에서 뚝 떨어지는 것이 아니다. 사람만이 새로움을 느낄 수 있고, 그런 의미에서 새로운 것은 당연히 사람이 만든 것이 되며 다른 사람의 마음을 움직이게 하는 힘을 지니고 있다. 따라서 새로운 감성으로 새로운 삶을 살고자 마음먹은 사람만이 참신한 것을 만들어낼 수 있다.

그렇다고 해서 젊은이에게만 그 가능성이 있다는 말은 아니다. 아무리 젊다고 해도 타성에 젖은 삶과 사고방식에 익숙한 사람이라면 평범한 것밖에 만들어내지 못한다.

반면에 나이를 먹었더라도 생기 넘치는 정신을 갖고 있다면 얼마든지 새로운 것을 만들어낼 수 있다. 그 사람 자신이 새로운지 아닌지, 생산적인지 아닌지가 조건이 될 뿐이다.

참신함과 생산 능력을 겸비한 사람에게는 평소 이해

받지 못하는 일이 허다했을 테고, 지겨울 만큼 반발을 경험했을 것이다. 보통사람들은 새로운 것을 원하면서도 구태의연한 삶과 사고방식에서 벗어나지 못하고, 그것이 온전한 삶이라고 믿기 마련이다.

하지만 참신한 사람은 설령 이해받지 못할지라도 자기 나름의 표현을 꿋꿋이 하며 살아왔을 테고, 또 살아갈 것이다. 그래야만 진정 살아 있는 삶이라고 할 수 있다.

> "
> 창조적 사고는
> 현실을 무시하는 것이 아니라
> 현실 앞에 선 자신을
> 정직하게 바라보는 데에서 출발한다.
> "

말이란 주는 것이 아니라 주고받는 것이다

아직 인생에서 꽃을 피우지 못했다고 생각하는가? 사람들이 보는 눈이 없어서 자신의 실력을 제대로 알아주지 않는다고 생각하는가? 그렇다면 자신이 고집을 부려 주위 사람들을 내치는 것은 아닌지 한 번이고 두 번이고 의심해 볼 필요가 있다.

아무런 경계 없이 순순히 들어주는 사람에게 무엇이든 말하고 싶은 마음이 생기는 법이다. 또한 아무런 계산 없이 손을 내민 사람이라야 손을 함께 내밀어 맞

잡을 수 있다. 주먹을 단단히 쥐고 덤비려고 하는 사람에게 누가 마음을 털어놓을 수 있겠는가. 남의 집 불구경하듯 입 꾹 다물고 수수방관하는 사람에게 무슨 부탁을 할 수 있겠는가.

'고집'은 언뜻 자기 주관이 분명한 논리적인 태도로 보일지 모르지만 사실 논리적이지도 현실적이지도 않다. 또한 주관이 뚜렷하다는 증거도 될 수 없다. 강하게 주장을 펼치면서 언행을 부드럽게 하는 것은 전혀 모순된 행동이 아니다. 어떤 이유나 명분을 막론하고, 사람을 다가오지 못하게 내치는 행위는 숱한 기회가 들어오는 입구를 스스로 막아버리는 것이나 다름없다.

그런 자세로는 어떠한 정보나 아이디어, 힌트, 발견의 단서, 염원, 의뢰, 상담, 주문도 기대하기 어렵다. 마치 인생의 나무뿌리를 싹둑 베어버리는 것과 마찬가지다. 그런 태도로 살아간다면 롤러코스터를 탄 듯 급속도로 초라해질 것이다.

꼭 무슨 목적이나 의도된 계획이 있어야만 대화를 나누는 것이 아니다. 살다 보면 그냥 왠지 말하고 싶었다거나, 분위기에 떠밀리듯 말이 튀어나오는 경우도 있다. 세상 돌아가는 이야기나 잡담이 언제나 쓸모없지만은 않다. 대화 도중에 나눈 말이나 그 밖의 표정, 몸짓 등을 통해서 상대방이나 자신을, 한발 더 나아가 인간이라는 존재를 좀 더 깊이 이해할 수 있다.

소소한 잡담은 주변 분위기를 부드럽게 할뿐 아니라, 미래 자신의 삶과 일에 관련된 소중한 무언가를 알게 모르게 날라 주기도 한다. 정작 자기 자신은 눈치 채지 못할지라도 말이다.

> 경청이란 타인의 말에
> 귀를 기울이는 것이 아니라,
> 상대방의 말에 내 생각을
> 씌우지 않는 것이다.

25

다르게 생각하려면
다르게 말해야 한다

병에 걸린 사람이 수두룩하다. 이른바 '개념과다증'이란 병에 걸려, 생각 속에 개념을 잔뜩 그러모아 그 무게에 눌려 허우적거리는 이들이 많다.

행복이라는 개념이 그 전형적인 예다. 우리는 끝없이 행복해지고 싶다고 생각한다. 하지만 행복에 집착할수록 자신이 불행하다고 굳게 믿는 꼴이 된다. 부자냐 가난뱅이냐 따지는 것도 묵중한 개념으로 우리를 짓누른다. 젊음과 늙음, 아름다움과 추함, 성공과 실패, 남

성다움과 여성스러움, 어엿한 어른스러움과 미성숙함, 일류와 이류 등 가치매김과 관련된 대부분의 개념이 우리의 삶을 괴롭힌다.

이런 개념어에는 알맹이가 없다. 시간이 흘러도 그 개념들을 정의할 수 없는 이유가 바로 거기에 있다. 그저 막연히 빛나는 말로만 계속 존재할 따름이다.

어쩌면 개념어는 눈부시게 화려한 대문과 비슷할지 모른다. 그러나 대문 저편에는 한없이 이어지는 황야가 펼쳐져 있을 뿐이다. 얼핏 아름다운 것이 있는 듯 보이지만 모두 신기루에 불과하다.

그토록 공허한 말을 빛나게 하는 사람은 누굴까. 아마 개념어 속에 알맹이가 빼곡히 들어차 있다고 믿고 있는 사람들일 것이다. 그들은 그 가치를 자기 자신이 정하는 것이 아니라고 여기며, 외부의 저 멀리에 단단히 박혀 있는 절대 가치가 있다고 고집스럽게 믿고 있다.

"
어린이가 어른보다
단단한 까닭은
자신의 질문에 정답을 바라지
않기 때문이다.
"

'의심'이 아닌 '의문'을 가져라

의심을 품고 있는 한 의심은 쉬이 풀리지 않는다. 하지만 의문을 갖고 그 의문을 콕 집어서 말로 표현할 수 있다면 단박에 답을 줄 수 있다. 의문을 말로 표현한다는 것은 대상을 정확하게 꿰뚫고 있다는 뜻이기 때문이다. 따라서 우리가 이해하고 자유자재로 구사할 수 있는 어휘가 많으면 많을수록 사물을 이해하기가 훨씬 쉬워지고 덩달아 문제해결 능력도 높아진다.

그렇다면 어떻게 해야 어휘 실력을 높일 수 있을까.

책을 읽으면 된다. 아무리 명문이라 불리는 학교에서 배운다고 해도 그곳의 교사를 능가할 수는 없다. 스스로 책을 읽고 홀로 가만하게 생각할 줄 모르면 유용한 능력을 키울 수 없다. 독서와 사색은 어휘 실력을 키울 수 있는 가장 간단하면서도 자유로운 방법이다.

하지만 어찌된 영문인지 대부분의 사람은 이것만은 도외시하고 해 볼 생각조차 하지 않는다.

> 철학자도 '왜 살아야 하는지'
> 묻고 싶을 때가 있다.
> 그럴 때면 다른 철학자들도
> 그렇게 절박했는지 책을 펴 본다.

27

창에 비친 내가 아니라
그저 창밖을 보라

나는 성공하기 위해 책을 쓴 적이 없다. 그저 쓸 뿐이다. 좋은 이야기를 할 수 있을 것이라고 상상하며 회의에 나가지도 않는다.

나는 청중을 감동시키겠다는 마음으로 강연장에 선 적도 없다. 아예 무언가를 미리 상상하지 않는다. 예상도 하지 않는다. 그저 사실과 마주할 따름이다. 미리 생각할라치면 생각이 마구잡이로 샘솟는 탓에 이내 지쳐버리기 때문이다.

생각에는 사실만큼의 무게가 있다. 그래서 우리는 누군가의 생각이 정리된 이야기를 읽고 나서 감동도 하고 눈물도 흘리는 것이다. 그런 무게 있는 생각들을 가불하듯 미리 앞당겨 갖고 싶지 않다.

나는 그저 매순간 홀가분하게 사실과 마주하고 싶을 따름이다.

"
마주한 것에서
나를 찾아내려고 하지 말고
그저 있는 그대로 볼 수 있다면
이전에는 보이지 않던 것들을
발견할 수 있을 것이다.
"

사람을 함부로
숫자로만 헤아리지 말라

일을 먹고살기 위한 생계의 방편이나 돈벌이 수단에 불과하다고 생각한다면 일에서 즐거움을 찾지 못하고 능력도 향상되지 않는다.

타인을 도구로 생각한다면 인간을 존경하기는커녕 포용하기도 어려우며 마침내는 하루하루가 더러운 투쟁의 장이 되어버린다.

인생을 게임이라고 생각한다면 자신을 기만하거나 억지를 부리고 아등바등 안달하며 서두르게 된다.

무슨 일이든 효율적으로 처리하는 것만이 최선이라고 믿는다면 매일이 그저 업무를 처리하는 연속이 되고 속이 텅 빈 강정 같은 인생을 살게 된다.

"
공자는 셋이 길을 가면 그중 하나는
나의 스승이 된다고 했다.
그러나 사람들은 자신 또한
그 셋 중에 하나임을 깨닫지 못한다.
내가 남을 들여다보고 가늠하면,
남 또한 나를 들여다보고 가늠한다.

"

자존심은 나를 변명하지 않는 태도에서 나온다

심리학이나 철학에서는 '이성'이나 '감정'이라는 단어를 자주 언급한다. 근대 이후부터 오늘날을 살아가는 우리 역시 '이성적이어야 한다' 혹은 '감정적으로 대응하면 안 된다'라고 생각하고 입버릇처럼 말한다.

하지만 너무나 쉽게 이성이라는 단어를 내뱉는 것은 아닐까. 한번 생각해보자. 도대체 이성이란 무엇을 뜻하는 것일까. 감정이란 무엇을 가리키는 말일까.

실은 아무도 모른다. 그토록 수많은 학문과 업적이

있음에도 불구하고 안타깝게도 이성과 감정을 제대로 설명하기는 쉽지 않다. 다만 경험을 기준 삼아 생각한다면 적어도 이렇게 말할 수는 있겠다. 이성적이란 것은 냉정하게 손익계산을 할 수 있는 상태를 가리키고, 감정적이란 것은 자존심을 상처받거나 마음이 흔들리는 상태를 의미한다.

정리하자면 감정적이게 된 나머지 심한 말을 내뱉거나 이상한 행동을 할 때는 자존심과 연관되는 경우가 많다는 이야기다.

그러고 보니 감정 자체가 아니라 자존심이라는 것이 인생의 걸림돌이 되곤 했다. 자존심의 실체는 자신에 대한 존경이 아니다. 그저 자신을 그럴싸하게 포장하고 싶어 하는, 또한 자신의 능력이 높다고 인정받고 싶어 하는 허영일 뿐이다. 그렇게 아무짝에도 쓸모없는 자존심은 버려야 한다.

그 대신 우리가 가져야 할 것은 바로 긍지다.

"
긍지는 머리를 들어도
하늘에 부끄럽지 않고,
머리를 숙여도 스스로에게
미안하지 않는 마음이다.
"

4장

한순간 흐트러진 태도로
평생 쌓은 격이
무너진다

인간은 비판받는 것이 두려워
누군가를 비판한다

누군가에게 의견을 말하거나 설득할 때 '좋다' 혹은 '나쁘다'라는 말은 입에 올리지 않는 편이 좋다. 상대방에게 상처를 주는 말이기 때문이다.

'좋다'와 '나쁘다'에는 가치를 매기는 평가의 의미가 고스란히 담겨 있다. 아주 친밀한 사이라고 할지라도 타인이 자신의 가치에 대해 이러쿵저러쿵 평가하는 것을 달가워할 사람은 없다. 즉 그 어떤 사람도 한 인간의 진정한 가치를 함부로 운운할 계제가 못 된다는 말이다.

'자신의 진정한 가치'가 실제로 있는지는 잘 모르겠지만, 좋고 나쁨과 선과 악을 가르는 평가는 가만히 있는 사람에게 느닷없이 페인트를 끼얹는 행위나 다름없다. 그런 말이 남긴 마음의 얼룩은 진짜 페인트처럼 쉽게 씻기지도 않는다.

더군다나 그러한 말은 사실의 실체를 숨기고 있다. 다시 말해 좋고 나쁨과 선과 악이라는 말을 입에 올리면 판단의 색채가 강도 높게 덧칠해져 사실이 이전과 다르게 보인다. 결과적으로 문제의 초점이 굉장히 애매모호해진다. 또 애매모호해지면 당연히 해결하기 힘들어질 수밖에 없다.

무엇보다 좋고 나쁨과 선악이라는 평가의 말을 절대 건네면 안 되는 소중한 사람이 있다. 바로 자기 자신이다. 이 점을 깊이 마음에 새겨 두면 갈팡질팡 헤매거나 망설이는 일이 줄어들고, 아무짝에도 소용없는 실패를 피할 수 있다. 나아가 문제를 어떻게 대처하면 좋을지 단박에 알 수 있게 된다.

"
타인에게 당신이 어떤 사람인지는
중요하지 않다.
중요한 점은 당신이 타인에게
어떻게 다가가느냐는 것이다.
"

4장 한순간 흐트러진 태도로 **평생 쌓은 격이 무너진다**

31

절벽에서 떨어졌다면
날기를 기도하지 말라

막다른 길을 만나거든 생각을 멈춘다. 더 이상 생각하지 말고 그저 눈으로만 본다. 먼발치에서 보거나 멍하니 바라본다. 그렇게 풍경을 보듯 다만 훑어본다.

맛있는 음식을 천천히 음미하는 것도 막다른 길에서 겪는 괴로움을 치유하는 데 도움이 된다. 웃는 사람을 보고 따라 웃어 보는 것도 괜찮은 방법이다. 아니면 동물원에 가서 해맑은 아이들과 동물의 모습을 본다. 헬리콥터를 타고 세상을 내려다보거나 벌거벗은 채 바다에서 헤엄쳐 보는 것도 좋다.

막다른 길에서 지푸라기라도 잡을 심정으로 방법론에 관한 책을 섭렵한다 해도 딱히 효과를 기대하기는 어렵다. 방법론이나 노하우에 관한 책을 읽으면, 그 자리에서는 고개를 끄덕이며 납득할지 몰라도 돌아서면 말짱 도루묵이다. 사람은 그렇게 쉽게 변하지 않는다.

문제를 바꿀 수 없다면 자기 자신이 변해야 한다. 문제에 가로막혀 경직된 머리를 싹 뜯어 바꾸지 않으면 막다른 길에서 벗어날 수 없다. 이때 몸을 이용하면 한결 수월하게 머리를 바꿀 수 있다. 인간의 장기臟器 또한 머리를 쓰는 데 동원되고, 넓적다리 근육은 물리적으로 에너지의 원천이기 때문에 그렇다.

그래도 여전히 막다른 길에서 오도 가도 못하는 상황이라면 끝까지 문제를 물고 늘어지며 끈질기게 생각해 본다. 이러다 미쳐 버릴 수도 있겠다고 생각될 만큼 혼자서 끊임없이 생각하고 거듭 생각한다. 몇 시간이고, 며칠이고, 몇 주일이라도.

그러다 보면 불현듯 무언가가 바뀔 것이다. 뭔가를

퍼뜩 깨달을 수도 있고, 맞은편에서 어스레한 빛이 보일 수도 있다. "뭐야, 바로 이거였어!" 하며 피식 웃음이 나올 수도 있다.

혹은 우연한 일이 계기가 되기도 한다. 물방울 소리나 새소리, 체감온도의 급격한 변화, 흔들리는 불빛, 주변의 기색, 바다 빛깔처럼 일상에서 무심코 스쳐 지나가는 일이 자신 안의 무언가를 일깨운다. 이것은 요행이라 부를 만큼의 변화라 하겠다.

아르키메데스Archimedes, 칸트Immanuel Kant 같은 위인이나 천재만이 그런 체험을 하는 것이 아니다. 모두 일에 진지하게 임하고, 막다른 길에서 벗어나 새롭게 거듭나고 싶다고 진심으로 바란다면 그 순간은 분명히 찾아올 것이다.

> 궁리하는 과정은
> 마치 물을 따르는 것과 같다.
> 어느 날 벼락 치듯 해답이
> 내게 쏟아져 오는 것이 아니라
> 수많은 고민이 쌓이고 쌓인 끝에
> 답으로 흘러넘치는 것이다.

시간은 외부가 아니라
내 안에서 존재하는 것이다

철학책 한 권을 통째로 이해하지 않더라도, 철학의 단편에서도 충분히 배움을 얻어 일상생활에서 두루두루 활용할 수 있다.

칸트의 《순수이성비판 Kritik der reinen Vernunft》은 1781년 출간 당시에도 난해하다고 정평이 난 책이었다. 인간 이성의 작용 원리를 논하고자 했던 시도가 상식적으로 사는 사람에게는 분명 어렵게 느껴졌을 것이다. 일반적인 생각이 무조건 옳다고 맹신하는 사람들에게도 마찬가지로 버거웠을 것이다. 하지만 상식 역시 하나의 굳은 편견에 불과하다고 의심을 품은 사람에게 이 책은 난해하기는커녕 "역시, 그거였구나" 하고 고개를 끄덕일 만한 내용으로 가득 차 있다.

그중 하나가 시간에 관한 생각이다. 칸트는 《순수이성비판》에서 시간 개념에 대해 이렇게 말했다. "시간은 인간의 영역 밖에서 무심히 흘러가는 존재가 아니라, 자신의 내부에서 무언가를 지각하거나 인식할 때 사용하는 도구 가운데 하나다."

칸트의 주장이 과학적으로 타당하든 타당하지 않든 상관없다. 칸트의 생각은 우리에게 안심 혹은 일종의 구원을 줄지도 모른다. 칸트의 시점에서 세상을 바라보면 '시간이 없다'라든가, '시간에 쫓기고 있다'고 하는 일반적인 사고방식에서 벗어날 수 있기 때문이다. 나아가 능률이니 집중이니 하는 강박관념에서도 벗어날 수 있다.

시간은 자신의 내부에 존재한다. 상식과 어긋나는 태도에서 새로운 주체성이 생겨난다. 자신이 어떻게 일에 관여하느냐에 따라 시간이 변하기 때문이다. 그곳에는 지금까지 미처 몰랐던 풍요로운 문이 자신을 향해 조금 열려 있을 것이다.

> 내 안의 시간이 어떻게 흘러가는가에 따라
> 나는 오늘을 끝없이 되풀이할 수도 있고,
> 어제로 회귀할 수도 있으며,
> 내일로 나아갈 수도 있다.

가장 깊은 만남은
침묵 속에 있다

시간이 좀 더 있었으면 하고 바란다면 마음을 동요시키는 소리로부터 자신의 몸을 되도록 멀찌감치 떨어뜨려야 한다. 이때 마음을 동요시키는 소리란 사람에 따라 개인차가 있겠지만 예컨대 흐느끼는 소리, 신음하는 소리, 화내는 소리, 다투는 소리 등이 있을 것이다. 또는 음악이나 특정 가락이 마음을 어지럽혀 집중을 방해하기도 한다.

대개 무음 상태에서나 혹은 자연의 소리를 들으며

일할 때 자신만의 시간이 가장 풍성해진다. 집중력이 높아지고, 자유자재로 능력을 발휘할 수 있다. 서재나 아틀리에, 분위기가 차분한 호텔 같은 공간이 그런 장소로서 안성맞춤이지만 여기서 중요한 점은 공간이나 인테리어가 아니라, 소리가 차단된 환경이어야 한다는 것이다.

귀에 거슬리던 소리가 차단된 곳에 있으면 더 이상 시간은 자신의 외부에서 흐르는 존재가 아니게 된다. 시간 감각이 사라지면서 조용하고 자유로운 상태에서 무언가를 할 수 있게 된다. 이는 옛날부터 불교 선禪에서 전해 오는 자유자재라는 일종의 경지와 일맥상통하는 감각이다. 이런 감각을 느끼고, 그 속에 온전히 몸을 내맡기고 일하는 사람이 있다. 바로 예술가들이다.

평범한 직장인들은 이런 경지의 일부분이나마 띄엄띄엄 혹은 그저 우연히 체험하고 있을 뿐이다. 그래서 '항상 시간이 없다'라고 푸념하기 일쑤지만, 사실은 시간이 없는 것이 아니다. 외부의 시간 따위 전혀 신경 쓰지 않고 몰입하는 상태가 불가능한, 그런 열악한 환경에 한숨짓는 것이다.

그렇다고 해서 시간을 풍성하게 쓸 수 있는 방법이 아예 없는 것은 아니다. 바로 소란스러운 세상으로부터 자신을 멀리 두고, 되도록 혼자가 되어 망상, 기대, 걱정, 욕망, 잡다한 관심 등을 뚝 끊어버리면 된다. 그렇게 하다 보면 깜짝 놀랄 만큼 집중력이 높아지고 평소보다 풍성한 시간을 누릴 수 있다.

> 중요한 인연과 조심스럽게 만나듯
> 자신과 마주해야 하는 순간에는
> 모든 소란을 잠시 침묵시켜야 한다.

세상은 볼 수 있는
만큼만 넓어진다

우리는 있는 그대로 사물을 보지 않는다. 편견으로 사물을 보고 가치를 매기며 판단을 내린다. 다음 글을 보면 어떤 편견에 사로잡혀 있는지 알 수 있을 것이다.

> 고작 스물네 살밖에 안 된 나이로 바젤대학의 고전문헌학 교수로 취임한 프리드리히 니체. 서른다섯 살에 교수직에서 물러난 다음 십여 년 동안 유랑 생활로 이곳저곳을 전전하다가 마흔다섯 나이에 트리노

의 한 길가에서 발광했다. 이후 어머니와 여동생의 보살핌을 받다가 십 년 후에 사망했다. 일찍이 천재로 불리던 남자가 겨우 쉰다섯의 나이로 생을 마감했다. 이 얼마나 비참한 말로인가.

이 글은 첫 문장에서부터 편견에 물들어 있다.

'고작 스물네 살'이라는 가치판단은 전쟁이나 전염병 같은 재해가 적고 의학이 발달한 덕에 평균 수명이 올라간 현대인의 편견에 지나지 않는다. 불과 백 년 전만 해도 스물네 살은 어린 나이가 아니었다. 중세에는 일곱 살 무렵부터 어른과 한데 섞여 일하는 것이 예사였다고 알려져 있다.

또한 '발광發狂'이란 단어에는 무언가 심상치 않은 뉘앙스가 담겨 있다. 정상과 비정상을 무 자르듯 이분하려는 근대 이후 의학과 정치 체제의 그림자가 짙게 깔려 있기 때문이다. 근대 이전에는 현대에서 말하는 미치광이를 주변에서 심심찮게 볼 수 있었다.

마지막으로 '비참한 말로'는 안전하고 청결한 환경

속에서 보살핌을 받으며 맞이하는 죽음만을 일반적인 사망으로 치는, 기묘한 상식에 사로잡힌 현대의 도시인이 범하기 쉬운 가치판단에서 나온 표현이다.

이처럼 어떤 일에 대해 말하거나 기록할 때 우리는 언제나 정확하고 공평하면서도 아무런 편견이나 선입견 없이, 또한 시대 환경에 영향을 받지 않고 솔직하게 있는 그대로 표현하지 못한다.

그러니 평상시 일을 할 때 조금이라도 편견을 의식할 수 있다면 누구나가 떠올릴 수 있는 빤한 생각이 아닌, 좀 더 색다른 견해를 가질 수 있을 것이다. 나아가 편견에서 벗어나 새로운 발견이나 해석을 자연스럽게 할 수 있을 것이다.

> 곁눈질로 보는 버릇을 고치는 유일한 방법은
> 곁눈질로 보느라 삐딱해진 스스로를
> 거울에 비추어 보는 것이다.

지금의 나는 과거의 내가 내렸던 선택의 결말이다

대재벌 가문의 상속 유산을 포기한 19세기 오스트리아의 철학자 비트겐슈타인은 《논리-철학 논고*Tractatus Logico-Philosophicus*》에서 다음과 같이 말하고 있다.

> 세계는 사실에 의하여, 그리고 그것들이 모든 사실들이라는 점에 의하여 확정된다.(1-11)
> 왜냐하면 사실들의 총체는 무엇이 일어나는가를, 그리고 또한 대체 무엇이 일어나지 않는가를 확정하기

때문이다.(1-12)

대체로 이미 일어난 일과 현재 일어나고 있는 일만을 사실로 간주하지만 비트겐슈타인은 이미 일어난 일의 그늘에 가려져 대부분의 사람들이 알려고 하지 않는 일, 즉 일어나지 않은 일도 사실로 받아들였다.

예를 들어 아침식사로 스크램블 에그를 만들 때, 그 스크램블 에그만이 사실이 아니다. 계란말이나 계란찜, 그 밖에 만들지 않은 갖가지 계란 요리도 세상에 엄연히 존재하는 사실로 간주해야 한다.

비트겐슈타인의 사고법은 어쩌면 고결한 윤리의식을 가르쳐 주는 것일지도 모른다. 우리는 무언가 일을 하다가 실패하면 "에이, 다른 걸 골랐더라면" 하고 분통을 터트린다. 다른 것을 택했다면 틀림없이 성공했으리라 제멋대로 상상하는 것이다.

패인을 잘못 선택한 탓으로 돌려버리는 이런 사고법은 얼핏 보기에 논리적일지 몰라도 그 내막은 뒤죽박죽이다. 처음부터 다른 것을 택했더라면 지금 상황이 완전히 달라졌을 것이라고 일방적으로 단정짓기 때문이다. 이런 아전인수식 사고법은 이솝우화 〈여우와 신포도〉에 나오는 여우의 생각과 별반 다르지 않다.

이는 곧 실패한 스스로를 위로하면서도 현재의 정황에 대해서는 책임지고 싶지 않다는 마음을 에둘러 표현한 말이다. 이런 심리 속에는 후회와 미련이 한데 엉겨 붙어 있다. 노골적으로 표현하자면 구차하고 치사한 생각이다.

사실대로 말하자면 우리는 한 가지의 가능성만을 선택하는 것이 아니다. 하나의 가능성을 선택함과 동시에 그 나머지를 모두 버리는 것이다. 이를 깊이 실감한다면 자신이 선택한 일을 소중히 여기고 무슨 일이 있더라도 후회하지 않을 것이다.

이것이 사람의 윤리다.

"

선택은 나머지 가능성을 버리면서
스스로를 날카롭게 벼리는 과정이다.

"

말은
생각의 그릇이다

남을 화나게 하는 법은 식은 죽 먹기처럼 쉽다. 계속해서 욕을 내뱉으면 된다. 말 몇 마디로 상대방을 울리거나 웃게 만들고 흥분시킬 수도 있다. 말은 타인뿐 아니라 자기 자신도 움직이게 할 수 있다. 어린애 말장난하듯 자신을 격려하거나 기운을 북돋아주는 말이 아니더라도 말이다.

말로써 자신을 움직이게 하는 첫걸음은 바로 새로운 어휘를 익히는 것이다. 명사나 형용사, 말씨, 술어,

학술용어, 외국어, 방언 등 무엇이든 상관없다. 새로운 어휘를 익히면 사고법과 행동거지가 바뀌게 된다.

가령 참작參酌, 친근親近, 치하致賀, 촌탁忖度과 같은 다양하고 섬세한 말의 뜻을 알고 사용하기만 해도 감성이나 일상이 훨씬 풍요로워진다. 귀납歸納과 연역演繹, 항상성恒常性, 개연성蓋然性, 차이差異, 동어반복同語反覆, 사고실험思考實驗, 배리背理, 양도논법兩刀論法, 초월론超越論, 퍼지fuzzy, 피보나치 수열Fibonacci sequence 같은 용어의 의미와 쓰임새를 알면 지금까지 헷갈리던 사고법이 말끔히 정리되고 복잡한 사항을 재빨리 파악할 수 있게 된다. 더불어 나라마다 엇비슷한 이름을 지닌 색채의 수와 범주가 엄청나게 다르다는 사실을 숙지한다면 문화의 이해 폭이 훨씬 넓어진다.

일본 역사상 메이지明治시대에 가장 큰 사회 변화가 일어난 이유는 체제가 바뀌었기 때문만이 아니다. 외국 문헌을 번역하면서 새로운 개념을 표현하기 위한 조어가 많이 만들어졌고, 그 새로운 조어를 사용해 사람들이 새로운 생각을 하게 되었기 때문이다.

새로운 말이 자신의 것이 되면 듬성듬성 점점으로 홀로 빛나던 별과 같았던 말과 의미 사이에 여러 개의 다리가 생긴다. 그곳에서 의미가 발생하고, 지금껏 애매하던 사물의 연결고리가 명확하게 이해되며, 신선한 아이디어와 참신한 해결책이 저절로 샘솟는다.

정리해 보건대 말이란 우리 머리에 새로운 관련성의 빛을 밝히는 역할을 하는 것이다.

> **우리가 사용할 수 있는 말의 범위가
> 우리가 이해할 수 있는
> 세계의 범위를 결정한다.**

37

입과 입을 떠도는 말은
그만큼 가볍고 얕다

세속의 언어에서 되도록 멀어지려고 애쓴다. 여기서 세속의 언어란 무심코 아무 생각 없이 내뱉는 말과 미디어에서 쓰는 말, 그리고 관용적인 표현을 일컫는다. 이런 말들은 쉽게 내뱉을 수 있지만 언제나 경박하고 매정하며 만만하다. 더군다나 말의 근원지를 더듬어 가다 보면 뿌연 안개 속으로 흔적도 없이 사라져 버리는 말들뿐이다.

대개 세속의 언어에는 잔혹한 가치관이 짙게 배어

있다. 예컨대 외모에 신경을 많이 쓰는 현대인에게 노화는 부정적인 가치관이 스며들어 있는 단어다. 그래서 '안티에이징anti-aging'이라는 말도 생겨났다.

도대체 노화란 무엇을 의미하는 것일까. 분명 고무관이나 금속관은 오래되면 상태나 성능이 나빠진다. 그렇다면 사람의 노화도 마찬가지일까. 실제로 그런 뉘앙스로 노화라는 단어가 쓰이곤 한다. 여전히 많은 여성들이 나이 밝히기를 꺼리는 이유는 나이 먹는 것을 부끄럽게 생각하는 가치관이 널리 퍼져 있기 때문이다.

세속의 언어를 곧이곧대로 받아들이면 무의식중에 세속 언어의 잣대로 자신과 세상을 바라보게 된다. 그런 태도로 살면 산더미 같은 고통이 인생 속으로 비집고 들어올 것이다. 세속의 언어는 언제나 아름다움, 강함, 젊음 같은 말을 좋은 가치관으로 간주하며, 그 반대를 배척하려는 공격성을 내포하고 있기 때문이다.

더불어 세속의 언어는 지속성과 계속성 자체를 좋은 가치관으로 간주하기 때문에 혈통이나 전통을 중시한다. 하지만 우리는 그렇게 연면히 이어지는 말 속에 들어 있는 실체가 어떤지는 무시하고 전혀 알려고 들지 않는다. 이때 권위주의를 향한 맹목적인 복종이 싹트기 쉬워진다.

철학과 사상 서적을 읽기 어려운 이유는 세속의 언어로 쓰이지 않았기 때문이다. 그것을 쓴 저자들은 지금까지 없던 가치와 사고법을 글로 표현하고자 했다. 우리가 만약 세속의 언어만 사용한다면 현재 상황에서 벗어나 새 시대를 맞이하기란 요원한 일이 될 것이다.

> 깊고 촘촘한 사고는
> 깊고 촘촘한 말에 담길 수밖에 없다.

/ 38

자신을 헤아리듯
남을 대하라

최고의 지혜에 다다르면 어떤 생각을 하게 될까. 자신과 타인이 같다고 생각할 것이다. 반대로 지혜와 경험이 부족한 사람은 자신과 타인이 전혀 다르다고 생각한다.

사람은 대부분 비슷비슷한 생각을 하기 때문에 서로 이해할 수 있다는 사실을 잊어서는 안 된다. 소설이나 드라마에 나오는 등장인물에 쉽게 감정이입할 수 있는 이유는 그들의 심정과 행동을 누구나 공감할 수 있도록 세세하게 묘사하고 있기 때문이다. 서로 공통되는 부분이 전혀 없어 이해할 수 없다면 애초부터 싸움 같은 것조차 일어날 리 없다.

힌두교의 가장 오래된 경전인 《베다》의 《우파니샤드》에서 가르쳐 주는 최고의 지혜는 바로 자신과 세계가 하나라는 것이다. 물론 깨달음에 이르기 위한 수행이 있지만 굳이 수행하지 않더라도 참되게 생활하고 경험하다 보면 스스로 그런 지혜를 터득하게 될 것이다.

현대 자본주의 도시에서 일하고 있는 사람들은 경쟁을 당연지사로 받아들인다. 하지만 경쟁은 자신과 타인이 별개의 존재라는 전제 위에서만 성립하기 때문에 항상 치열할 수밖에 없다. 또한 서로 뺏고 빼앗기며, 막바지에는 피폐와 패배의 밑바닥에 다다르게 된다.

이런 뺏고 빼앗기는 전쟁터에 나선다면 인생은 가혹한 게임이 될 수밖에 없다. 이는 결코 재미있는 게임이 아니다. 게임이란 생활 기반이 탄탄하게 마련된 가운데, 충실한 시간을 보내는 틈틈이 장난치면서 할 때 즐거움을 느낄 수 있기 때문이다.

만약 시대를 바꾸고 싶다면 불가항력적으로 게임에

휘말려 들어갈지언정 자신과 타인은 다르지 않다는 마음을 겁내지 말고 당당히 드러내야 한다. 그러면 머지않아 게임의 원칙은 효력을 상실할 테고, 뺏고 빼앗기며, 밀어내는 경쟁은 조금씩 약화되어 어느새 패자와 승자의 경계가 애매모호해질 것이다.

그때 비로소 제도나 건축물뿐 아니라 실질적인 복지 사회가 나타날 것이며, '주의主義'라는 테두리 없이, 말랑말랑하면서도 보편적인 정치 체제와 법 제도가 싹트게 된다. 더불어 인간을 괴롭히는 숱한 전쟁을 야기한 국가라는 개념마저 희미해질 것이다.

> 공부란 자신에게서 타인의 흔적을 찾는 과정이자, 타인에게서 자신을 확인하려는 욕심을 거두는 과정이다.

/ 3
/ 9

지혜란 작은 일과 큰일을
분별할 줄 아는 것이다

지금 시오도메 호텔을 나가 중요한 사람을 만나야 한다. 약속까지 25분 남짓 남았는데 차로 이동하는 10여 분의 소요 시간을 빼면 빠듯할 듯싶다. 그런데 발밑을 보니 구두가 좀 지저분한 것 같다. 상대방에게 실례가 될 테니 구두를 닦고 가는 게 좋겠다. 그러자면 우선 유라쿠초有樂町에 들러야 하는데….

이렇게 행동하는 사람을 본다면 누구라도 고개를 갸웃할 것이다. 중요한 큰일이 있는데도 불구하고 작은 일을 우선시하고 있으니까 말이다. 하지만 우리는 하루에도 몇 번씩 이와 비슷한 행위를 하고 있다.

해야 할 큰일을 멀리 제쳐둔 채, 살면서 몸에 밴 자질구레한 일, 굳이 지금 당장 하지 않더라도 별 탈 없는 일, 지극히 개인적인 취향이나 취미 같은 일, 사사로운 연락, 몇 푼 안 될지언정 당장 눈앞에 이익이 될 것 같은 일 등을 구태여 끼워 넣고 먼저 처리한다.

결국엔 큰일에 들여야 할 시간이나 수고를 날리게 된다. 정작 중요한 큰일은 미적거리다 마무리 짓지 못한 채 끝나 버린다. 큰일이 자신의 인생을 든든히 받쳐 주고 있다는 사실을 잊고서 말이다.

이토록 하찮고 작은 일에만 매달리는 까닭은 애당초 큰일에 손대는 것이 귀찮았거나 두려웠기 때문이다. 스스로에 대한 자신감이 없어서 작은 일에 먼저 손대는 사람도 있다. 흔하게는 게으름이 타성처럼 배면 자신감이 떨어진다.

어찌 됐든 큰일은 큰일이다. 보통 큰일이라 하면 생계에 관한 것을 말한다. 그리고 목숨을 좌우할 정도로 긴급한 일 또한 큰일이다. 반면에 작은 일이란 얼마든지 대체 가능하고 때에 따라서는 변경하거나 포기하더라도 별반 지장이 없는 일을 의미한다.

물론 삶은 큰일만으로 이뤄지지 않는다. 오히려 우리 일상의 대부분은 자잘한 일들로 채워져 있다. 그렇다고 해서 작은 일을 큰일보다 우선시하면 주객이 전도되고 만다. 이 사실을 뻔히 알고 있으면서도 우리는 작은 일에 얽매여 큰일을 위한 시간이나 기회를 놓치곤 한다. 손익계산이나 개인적인 쾌감을 기준으로 삼아 세상을 한쪽에서만 바라보는 버릇이 배어 있기 때문에 그런 것이다.

손익계산을 근시안적으로 하면 작은 일을 되레 중요하다고 생각하게 되기 십상이다. 가령 이 일을 해야만 능률이 쑥쑥 오른다고 자신에게 핑계까지 대가며 작은 일에 매달린다. 경우에 따라서는 작은 일이 큰일보다 크게 보일 때도 있다.

게다가 냉철하게 생각할 수 없는 상황에 놓이면 큰일과 작은 일을 구분하지 못하면서 잘못 판단하기 쉬워진다. 상습적인 도박을 비롯해 온갖 중독성 짙은 쾌락, 의리를 가장한 교우관계, 인습이나 점술, 종교적인 미신, 신빙성 없는 직감이나 그때그때의 기분 등에 휘둘려 마땅히 해야 할 큰일을 하찮게 여기는 행위는 어리석기 짝이 없는 전형적인 사례다.

타성에 젖어 작은 일에만 계속 매달리다 보면 어느덧 사사로운 작은 일밖에 하지 못하게 된다. 그러다 작은 일조차 힘에 부쳐 귀찮아지고 마침내는 작은 일도 만족스럽게 완수하지 못하는 지경에까지 이른다.

참으로 비참한 일이다. 인생의 중심에다가 큰일을 큰일로서 단단히 붙들어 매고 마음을 다해 진중하게 임해야 한다.

>
> 큰일은 가까이 닥쳤기에
> 오히려 사소해 보이고,
> 사소한 일은 멀리 떨어져 있기에
> 실제보다 커 보인다.

4장 한순간 흐트러진 태도로 평생 쌓은 격이 무너진다

5장

운명을 선택할 수는 없지만
그것을 맞는 태도는
선택할 수 있다

40

사치란 과잉이 아니라 여유를 마련하는 것이다

자본주의 사회에서 경제가 불안정하다 보니 그 여파가 사람들의 심리와 가치관에까지 미치고 있다. 그에 따라 '사치'는 부정적인 뉘앙스를 풍기는 말로 자리 잡았다.

본디 '사치'는 분에 넘친다는 의미가 아니다. '필요 이상'이란 뜻은 지니고 있지만, 부정적인 의미는 들어 있지 않다. 오히려 사치에서 풍기는 뉘앙스의 한편에는 아낌없음, 풍족함, 여유, 광채 같은 느낌이 묻어난다. 이러한 사치가 마음의 여유를 가져다 준다는 사실은 이미 숱한 경험을 통해 알려진 바 있다.

오직 한 사람을 위해 예쁘게 포장한 꽃다발, 정성 들여 만든 음식, 본인이 직접 나가는 마중, 목마를 것을 헤아려 내 온 시원한 물, 깨끗하고 아름다운 옷, 소란스럽거나 추잡함 없이 초연하게 자리하고 있는 살림살이, 얼굴이 비칠 정도로 반짝반짝 광을 낸 구두, 보드라운 빛을 자아내는 커튼, 특별한 날을 위해 캐온 산나물과 꽃들, 경치 좋은 방, 마음에서 우러나오는 미소, 계절에 걸맞은 향기, 다정함이 흘러넘치는 대접, 허물없는 대화.

온갖 사치를 부리는 일은 천박한 방종이며 권력 과시에 가깝지만, 일상에서 누리는 하나둘 정도의 사치는 마음속에 꽃을 피우는 것과 같다. 이러한 사치는 솟구치는 허영심의 표현이 아니다. 상대방을 향한 마음, 상대방에 대한 존경심을 표하는 하나의 방법이 되기도 한다. 누군가를 진심으로 소중하게 생각하기 때문에 자신과 그 사람의 접점에서 사치를 베푸는 것이다.

가령 시골에 사는 부모나 형제가 며칠 동안 도시에 올라온다고 할 때, 사람들이 잠만 자려고 이용하는 좁

아터진 싸구려 모텔에서 그들을 모실 수는 없을 것이다. 우리는 틀림없이 분위기 좋은 숙박시설을 찾아 어떻게든 좋은 방을 예약하려고 할 것이다. 여기에는 사랑과 배려뿐 아니라 혈육을 공경하는 사치스러운 마음이 깃들어 있다.

> 사람을 소중히 여기는 마음은
> 아무리 넘쳐도 과하지 않다.

41

번민은 번민하는 것으로만
해결할 수 있다

우리는 숱한 고민을 부둥켜안고 살아간다. 괴로움과 고통을 경험하며, 고민에서 벗어나 홀가분해지기를 바란다. 하지만 고민을 마땅히 짊어지고 가야 하는 자세가 곧 인간의 길이라면 어찌할 것인가.

그것이 정녕 자신이 가야 할 길이라면 '고민에서 벗어나 홀가분하게 살리라'는 생각은 곧 길을 벗어나 어두컴컴한 골짜기 바닥으로 나동그라지는 것을 의미하는지도 모른다.

곰곰이 생각해 보자. 이 고민은 자신만의 길을 걷고자 할 때 발에 가해지는 통증이 아닐까. 한층 더 강한 힘을 얻기 위한 시련은 아닐까. 일을 할 때는 언제나 고통이 따르기 마련이다. 자신의 힘으로 시련을 극복하지 않으면 소소한 기쁨도 얻기 힘들다.

그런데 일을 하기 위해 꼭 필요한 일련의 노력과 궁리를 짜내는 일마저 고민과 고통이라고 여기는 사람이 있다. 그런 사람은 게으름이 뼛속까지 배어 있거나, 한 발 내디딜 때마다 멈춰 서서 자기 자신만을 생각하는 버릇이 있는 사람이다.

이런 경우에 필요한 처방전은 시간도 자신의 존재도 잊어버릴 정도로 무언가에 푹 빠져 열중해 보는 것이다. 즉 끼니나 볼일을 생각하는 것조차 잊을 만큼 자신이 하는 일에 몰두해 보는 것이다.

바다에 떠 있는 배에 멍하니 타고 있기만 해서는 이내 파도에 휘둘려 암벽에 부딪히고 만다. 혼신의 힘으로 노를 계속 젓지 않으면 어느 해안에도 다다를 수 없다. 작은 배 한 척을 부리는 일조차 그렇다.

"

누군가 깊이 고민하며
괴로워하고 있다면,
인생에서 그만큼 중요한 변화를
거치고 있다는 것이다.

"

고뇌 또한 다른 누구도 아닌 나의 일부다

우리는 통증에 관해 '아프다'라고만 뭉뚱그려 말하지 않는다. 욱신욱신한 통증, 무지근한 통증, 콕콕 찌르는 듯한 통증, 살살 아픈 통증, 찢어지는 듯한 통증 등 아픔의 형태를 어떻게든 표현하려 한다. 이처럼 통증을 세세하게 표현하는 까닭은 의사가 진단을 내리거나 치료할 때에도 도움이 되기 때문이다.

하지만 우리는 자신의 고뇌에 대해서는 적극적으로 표현하지 않는다. 아픈 것은 창피한 일이 아니지만 고뇌에 대해서는 왠지 남에게 알리기를 꺼린다.

또한 고뇌를 일종의 개인적인 문제로만 생각하고 다른 사람의 눈에 보이지 않는 곳에서 비밀리에 해결하려고도 한다. 그렇게 자기 자신조차 고뇌의 핵심을 제대로 파악하지 못해 질질 끄는 바람에 적절히 대처하지 못하는 것일지도 모른다.

괴로움과 고민이 겹쳐지는 고뇌는 흔치 않다. 고민의 근원은 자신의 문제인데도 미적거리며 판단하고 늦게 대처해서 생긴 문제이거나, 자존심과 허영에 관계된 사항인 경우가 많다. 요컨대 고민은 자기 자신이 문제가 된다. 따라서 자신을 없애면 고민은 사라질 것이다.

이때 '자신을 없앤다' 함은 자존심과 허영을 버리고 판단과 대처를 상대방에게 맡기거나 매사 순리대로, 흘러가는 대로 가만히 놔두는 태도를 의미한다.

괴로움도 두 종류로 나눌 수 있다. 하나는 스스로 만든 괴로움이고 다른 하나는 누구에게나 반드시 일어나는 괴로움이다. 자신이 만든 괴로움이라면 책임을 지고 대처하든지 아니면 줄행랑칠 수밖에 없다.

하지만 살아가면서 누구에게나 일어나는 괴로움이라면 순순히 받아들이고 겪어내야만 한다. 그 또한 인생의 일부니까 말이다.

그 밖의 고뇌는 질병이므로 의사에게 치료받아야 마땅하다. 그래도 여전히 고뇌가 남아 있다면 자신의 사고방식을 싹 뜯어 바꾸려는 노력을 해야 치료가 된다.

그때에는 사고방식만 바뀌는 것이 아니다. 삶의 방식까지 바뀌기 마련이다.

> 바람이 불면 흔들리는 것은
> 가지이지 나무가 아니다.
> 그렇게 잎새가 떨어질지언정
> 나무는 바람을 원망하지 않는다.

서점은
생각의 병원이다

실을 찾지 못하고 계속해서 갈팡질팡 헤매거나 어찌 할 바를 모르겠고, 막다른 길에 내몰려 말라비틀어질 것 같은 느낌이 들 때, 선명한 실마리를 바라지만 이 생각 저 생각에 괴로운 나머지 출구가 깜깜하게 느껴질 때에는 번화가에 있는 큰 서점을 찾는다. 나에게 서점은 생각의 병원이다.

물론 서점에서는 책을 팔고 있다. 책뿐만 아니라 음반을 비롯해 갖은 잡화류도 판다. 어느 것이나 죄다 상품들이다. 그저 상품에 불과하지만 다른 업종의 상품과는 사뭇 다르다. 그곳에 진열된 상품들은 지금 시대의 온갖 양상을 드러내고 있기 때문이다. 이러한 표현은 결코 과장이 아니다. 과거부터 현대에 이르기까지 모든 세계가 응축되어 있다.

서점에 들렀다면 '현실 세계'와 다른 공간에 발을 들여 놓았다고 여기고 각 층의 모든 공간을 구석구석 꼼꼼하게 둘러보기를 권한다. 틀림없이 무언가를 얻을 것이고, 눈이 번쩍 뜨이게 될 것이다. 머릿속에서 지금까지 미처 눈치 채지 못하던 문이 순간 덜컥 열리는 것을 경험할 수 있다.

'고민을 해결해 줄 답이 어딘가에 틀림없이 있을 거야.' '여기까지 왔으니까 뭐라도 얻고 가야지.' 이런 생각일랑 조금도 갖지 말고 허심탄회하게 다양한 책과 글자를 읽으면서 서점을 찬찬히 둘러보는 것이 중요하다.

그러다 보면 당시에는 아무것도 건진 것이 없다고 생각될지라도 서점에서 나와 집에 가는 동안이나, 혹은 차를 마시는 사이에, 아니면 집에 도착하고 나서 불현듯 무언가 짚이는 데가 있거나, 퍼뜩 아이디어가 떠오르는 경우가 생긴다. 이는 분명 서점을 둘러본 경험에서 떠오른 실마리다.

서점에 가 보면 알 수 있듯이, 세상에는 헤아릴 수 없을 만큼 많은 사유와 가치관이 넘쳐난다. 그 넘쳐나는 모습을 체감하는 것만으로도 자신의 고민이 얼마나 미미한지, 혹시 마음 한구석에 뿌리내린 독선은 아니었는지, 나아가 그것이 얼마나 편협한 생각이었는지 저절로 깨우치게 될 것이다.

같은 문제에 봉착하더라도 타인에게 지적받는다닌 반발심이 들 테지만 자신이 직접 체험해서 얻은 충고나 깨달음은 순순히 받아들여지게 마련이다. 숨이 막힐 만큼 막다른 길에 내몰려서 괴로웠다 할지라도 이미 해결책을 찾아낸 것이나 다름없다.

도서관도 수많은 책이 우리를 기다리고 있다는 점에서는 서점과 비슷하다. 하지만 너무나 조용한 나머지 일말의 긴장감마저 감도는 도서관에서는 여봐란 듯 책들이 한 권씩 자리하고 있기 때문에 우리를 치유할 만한 여백이 별로 없다.

뭐니 뭐니 해도 도시의 대로변에 자리한, 화려하면서도 편안한 분위기의 서점이 막다른 길에 내몰린 우리를 치료해 주는 명의다.

"

누구에게나 서점과 얽힌
추억이 하나쯤 있다.
우리가 책을 좋아하는 이유는
그때 그 서점에 대한
그리움 때문이기도 하다.

"

44

마음은 내 것이나
내 마음대로 되지 않는 것이다

우리는 곧잘 매사가 문제라는 듯이 말한다. 걸핏하면 '귀찮은 일'이라면서, 마치 지금 일어난 일이 귀찮은 문제인 것처럼 말이다. 과연 사물 그 자체가 귀찮은 문제를 일으키는 것일까.

이를테면 방사능이 문제일까. 그렇지는 않을 것이다. 방사능 처리 방법을 제대로 알지 못하는 데도 불구하고 방사능을 다루는 인간이 문제인 것이다. 좀 더 분명히 말하자면 일에 관여하고 있는 사람의 마음, 사고법, 행동이 문제를 일으킨다. 일이란 일어나기 마련이다. 물리법칙에 따라 일어나는데도 성가시게 여겨지는 이유는 일에 대해 자신이나 다른 누군가가 마음과 행동을 어지럽히기 때문이다.

따라서 문제에 대처한다 함은 사람 마음의 움직임과 행동에 대처한다는 의미가 된다. 일어난 일에 대처한다 하더라도 일 자체가 바뀔 리는 없다. 그렇다면 우리는 마음의 움직임에 관해 제대로 파악해야 한다. 비록 완벽하지는 않을지라도 문제를 대처하는 방법을 전보다 잘 알게 될 것이다.

마음의 움직임에 관해 쓴 문헌은 헤아릴 수 없이 많다. 고작해야 백 년밖에 안 된 심리학 같은 학문을 말하는 것이 아니다. 바로 문예다. 이야기, 소설, 드라마, 연극, 오페라는 단지 즐기기 위한 목적으로 만들어졌다 해도 사람 마음의 참모습, 불안정함, 불규칙성을 배울 수 있는 자료가 된다. 더욱이 개인이 대인관계를 맺는 데에는 한계가 있기 때문에 문예를 통해 생생한 날것으로 체험할 수도 있다.

사람의 마음을 아는 데 도움이 되는 문예 작품을 하나 추천한다면, 나는 주저 없이 성경에서도 《사무엘기》를 꼽겠다. 거기에는 사람의 마음이 얼마나 시시각각 변하는 것인지, 또한 용기가 어떻게 탐욕과 광기로 변모해 가는지를 다윗이라는 한 인간의 생애를 통해 무서우리만큼 극적으로 묘사하고 있기 때문이다.

> 다윗을 가리켜 위대하다고 하는 까닭은
> 그가 이룬 위업 때문이 아니라
> 자신의 바닥을 신 앞에서
> 솔직하게 고백할 수 있었기 때문이다.

고수는 고통을
도전으로 받아들인다

누구나가 저마다 비슷비슷한 문제를 안고 살아간다. 여기서 '누구나'란 대다수를 일컫는 말이다. 그러나 비록 소수이기는 하지만 문제를 안고 있지 않은 사람도 있다. 그런 삶의 자세가 가능한 까닭은 대다수 사람이 다루기 어려워하는 문제일지라도 그들에게는 문제가 될 만한 것이 아니기 때문이다.

정치나 사회 문제가 아니라 무슨 일이 있어도 자신이 직접 마주해야 할 개인적인 문제 또는 자신이 더욱

성장하기 위해 맞닥뜨리는 문제에 대해, 대다수 사람은 어찌된 영문인지 어중간하게만 대응하고 있다.

이들 갖가지 문제 가운데 하나를 겨우겨우 처리했다 해도 간신히 그때만 해결한 것일 뿐 문제를 한없이 되풀이하고 있다. 그래서 문제의 난도가 높아지면 두통을 일으키고 만다.

입학 시험과 자격 시험의 경우만 보더라도 알 수 있다. 가능한 한 최소한의 노력으로 합격하려는 태도는 비슷비슷하다. 간신히 합격할 수준으로 공부해서 문제를 타파하려고 한다.

대다수의 사람은 특별히 공부하지 않더라도 간단히 합격할 수 있을 만큼의 지식을 머릿속에 쌓아두지 못한다. 언제나 중상위 정도로 만족하며, 아슬아슬하더라도 허들을 넘기만 하면 그만이라는 태도가 몸에 배어 있는 나머지 일과 인생의 문제에 관해서도 그럭저럭 해결하려고 든다. 그러다 보니 발목을 잡는 괴로움이 당면하는 문제마다 따라다닌다.

극소수이기는 하지만 몇몇 사람들은 그런 식으로

적당히 대처하지 않는다. 무슨 일이 생기면 언제나 압도적인 대처 방법으로 문제를 능가해 버린다. 그렇게 하다 보면 문제는 더 이상 문제나 장애물이 아닌, 여러 자잘한 일 가운데 하나가 된다. 이를테면 소총을 들고 쳐들어오는 병사 열 명에게 탱크와 공격용 헬리콥터와 폭격기로 대응하는 것처럼 말이다.

시험이라면 시험 문제를 출제하는 사람 이상으로 지식을 미리 갖추면 된다. 또 비즈니스라면 상대와 상황의 요구에 대충대충 대응하지 말고, 상대방이나 상황이 확 돌변해 더욱더 호전될 수 있도록 적극적으로 나서서 대응해야 한다.

더욱이 인생이나 가정, 인간관계 문제에 맞닥뜨렸을 땐 슬금슬금 눈치나 보면서 도망갈 궁리를 해서는 안 된다. 정면으로 맞서야 한다. 그렇게 정면에서 맞대응하다 보면 이미 문제가 해결되는 경우도 허다하다.

어떤 문제와 마주했을지라도 순간의 재치나 임시방편으로 모면하려는 나쁜 습관을 버려야 한다. 자신이 가지고 있는 것, 이를테면 재능, 기술, 서비스, 마음, 시간, 사랑을 한껏 사용해야 한다. 그러면 문제는 더 이상 문제가 아니게 된다.

왜 대다수의 사람은 팔짱을 낀 채 문제를 수수방관하는 것일까. 어째서 그만하면 충분하다고 제멋대로 판단하는 것일까. 도대체 무엇을 아까워하는 것일까. 혹시 스스로 나서서 주변사람을 편하게 하는 일이 가치 없는 일이라고 생각하는 것일까.

문제에 대응하는 것보다 자기 자신을 훨씬 더 소중하다고 생각할지 모르지만 어떤 문제라 할지라도 어차피 자신과 관계 맺은 일이며, 앞으로 자신에게 직접 연관될 일이다. 혹은 타인을 통해 머지않아 자신이 맞닥뜨릴 문제다.

대다수의 사람은 자신과 타인을 구분 짓는 일을 현명한 행위라고 잘못 생각하고 있다. 그 생각을 가리켜 잘못된 것이라고 단정하는 이유는 자신과 타인을 구분 짓는 행위는 관념상에서만 할 수 있는 일이기 때문이다. 현실에서 자신과 타인은 긴밀하게 연결되어 있다. 그럼에도 불구하고 자신과 타인을 계속해서 구분 짓는다면 그 지점에서 경쟁과 계층이 생겨날 것이다.

경쟁과 계층은 즉각 온갖 차원에서 서열을 낳기 시작할 것이고, 서열이 매겨지면 자신의 서열이 어디에 위치하든 틀림없이 불만이 생길 수밖에 없다. 이는 곧 고통이 된다. 고통이 싫어서 경쟁에서 벗어나고자 하면 낙오자 혹은 패배자로 간주될 것이다. 또 다른 의미에서의 고통이 된다. 그마저 마음에 내키지 않아 초연하게 굴면 이번에는 아무도 상대해 주지 않게 된다.

그러나 문제를 앞서 능가한다면 고통은 바로 사라질 것이다. 능가한 단계에서 이미 경쟁과 서열은 삐걱거리는 범주로부터 떨어져 나가기 때문이다. 이는 기업의 대표가 종업원의 출세 경쟁에 휘말려 들지 않는 것과 같은 이치다.

문제를 능가한다는 일이 어렵게 생각될지도 모르겠다. 그렇다면 무엇이든 주변에 있는 작은 문제 하나부터 먼저 능가해 보라. 깊은 충실감과 상쾌함을 느낄 수 있을 것이다.

그런 경험을 해낸다면 다음부터 손대는 문제는 그

저 문제에 대응하거나 처리하는 수준이 아니라 자신이 적극적으로 관여하고 싶은, 오히려 어려우니까 재미있는 일로 받아들여지게 될 것이다. 이는 독특하면서도 성가신 일을 힘들이지 않고 척척 해내는 사람들의 감각이기도 하다.

"
알람을 많이 맞출수록
오히려 늦잠에 빠지기 쉬워진다.
제시간에 일어날 수 있는
가장 효과적인 방법은,
고통과 타협하지 않는 것이다.
"

5장 운명을 선택할 수는 없지만 그것을 맞는 태도는 선택할 수 있다

삶이란 본질적으로
불안정한 것이다

《의지와 표상으로서의 세계 Die Welt als Wille und Vorstellung》에서 쇼펜하우어가 밝힌 통찰 가운데 '인생은 본질적으로 불안정한 것이다'라는 주장은 진지하게 생각해 볼 만한 가치가 있다.

사람들은 대체로 불안정함을 기피하고 안정을 갈망한다. 안정된 수입, 근심 없는 생활, 안정된 신분과 가능한 한 아프지 않고 무사하기를 바라며 분에 넘칠 정도로 자신이 받는 보호나 애정까지 안정적이기를 바란다.

이런 망상 때문에 실현 가능한 것처럼 착각을 불러일으키는 상품에 눈을 부릅뜨고 덤벼든다. 각종 보험이나 영원한 아름다움을 보장한다고 광고하는 화장품과 미용기구, 겉으로만 견실하고 그럴싸하게 보이는 금융상품, 유사과학에 바탕을 둔 건강법 등 사람들을 현혹하는 것들이 이루 헤아릴 수 없을 만큼 많다.

한편으로는 안정과 견실함을 추구하면서도 복권 당첨과 같은 요행을 바라며, 출세와 지위에 집착한다. 더욱이 다른 사람들을 제치고 자신만 갖가지 행운과 좋은 기회를 잡고, 남들에게 좋게 평가받기를 갈망한다. 이는 안정이 아니라 불안정한 요소 가운데 하나인데도 사람들은 자신의 안정 속에 이를 집어넣는 것이 당연하다고 생각한다.

이처럼 터무니없는 생각에 빠져 있으면 인생이 순조롭지 못하게 된다. 자신만은 특별하다고 믿고 있는 까닭에 누구에게나 일어나는 질병이나 사고가 유달리 커다란 불행으로 느껴지기 때문이다. 그리고 타인의 출세와 성공, 아름다움은 울분과 질투의 원인이 된다.

결국은 이와 같이 혼탁하고 흔들리는 마음이 일상을 불안정하고 흔들리게 만드는 것이다. 어쩌다 괜찮거나 운수 좋은 일이 일어나더라도 그에 대한 기쁨이 확 줄어든다. 자신은 특별해서 남보다 훨씬 많은 행운을 만나는 것이 당연하다고 생각하기에 작은 행복으로는 만족을 못 느끼기 때문이다. 이런 이유로 안정을 바라는 마음만큼 불안정함을 더욱 강렬하게 느끼는 것이다.

불안정함이야말로 인생의 본질이라고 단단히 각오하라. 그러면 변화와 사건을 언제라도 일어날 수 있는 당연한 일로 순순히 받아들일 수 있다. 이는 면역력을 갖는 것과 마찬가지다. 어쩌면 이것이 안정과 평온을 바라는 인색한 삶보다도 훨씬 더 대담하고 강한 삶이라 말할 수 있다.

> 인간은 불안을 의식하며
> 끊임없이 안정을 갈구하지만,
> 사실 그 불안이란
> 자신이 상상해낸 것일 뿐이다.

아무리 준비해도
길을 모르기에 인생은 즐겁다

안심사회安心社會. '안심하며 일할 수 있는 사회'란 그저 월급이나 받으면 그만인 사람들이 생각한 얼토당토않은 표어에 불과하다. 실제로는 누구나 죽기 직전까지 안심에 다다를 수 없다.

현대 사회에서는 안심을 손아귀에 넣을 수 없다. 이따금 착각처럼 찰나나마 안심을 느낄 수 있을지 모르지만 그러한 상태는 계속되지 않는다.

불교 선종禪宗에서는 안심을 설파한다. 예를 들어《무

문관無門關》에 기록되어 있는 것을 요약하면 다음과 같다.

> 달마대사가 면벽수행을 하고 있는데 이조라는 수행승이 찾아와 물었다.
> "제 마음이 심히 불안합니다. 이 불안한 마음을 편안하게 안심시켜 주십시오."
> 달마대사가 대답했다.
> "그 불안한 마음이 어디 있느냐. 그것을 가져와서 내게 보여라. 그리하면 안심시켜 주겠노라."
> 이조가 말했다.
> "저는 그 마음을 찾고 있었으나 전혀 찾지 못했습니다."
> 이에 달마대사는 이렇게 말했다.
> "그러한가. 내 그대를 위해 안심시켜 주었노라."

기지가 돋보이는 선문답이다. 이것이 선종에서 설파하는 안심이다. 다시 말해 우리가 끌어안고 사는 개념이 얼마나 허망한가를 일깨우는 말이다.

이렇듯 선종에서는 모든 현상이 허망하다고 보고 번

뇌를 아무것도 없는 무無로 간주한다. 이것이 선종에서 말하는 구원이다. 물론 현대인에게 이런 사고방식이 통할 리 만무하다. 단순한 말장난으로밖에 들리지 않기 때문이다.

본디 불교에서 말하는 구원은 동네에서 얻어 온 잔반으로 끼니를 때우며 수행에 몰두하거나, 또는 한정된 환경에서 자급자족으로만 생활하는 특수한 사람들에게나 통용된다. 요컨대 일반 사회의 경제 활동에서 벗어나 외딴 곳에 살면서 끼니는 경제 사회에 의존하는 삶을 사는 사람들에게만 해당된다는 말이다.

현대 경제 사회 속에서 우리들이 바라는 안심은 그런 정신적인 것이 아니다. 생명이나 의식주, 일, 지위에 관한 안심을 일컫는다. 예컨대 뭐든지 결코 만족함이 없이, 오히려 차고 넘칠 정도의 충분한 양과 선택지를 원한다. 따라서 여러 가지로 보장이 든든한 공무원이 되고자 하는 사람이 줄을 서고 있다.

하지만 이른바 나랏일을 하게 되었다고 정말로 마음 편히 안심하며 살 수 있을까. 그렇게 일단 안심했으니까 파킨슨의 법칙(공무원 조직에서 비효율성이 발생하는 이유에 대해 다룬 이론)대로 움직이고, 세금을 자기 수입인 양 주무르면서 경제 사회에 의존하면 되는 것일까.

그렇다면 비호나 보호, 보장이 안심의 한 요소가 된다는 말일까. 우선 이것들을 어떻게든 차지하는 것이 결국에는 안심으로 내딛는 첫걸음이 되는 것일까. 그래도 여전히 불안한 마음은 사그라지지 않을 것임을 우리는 쉽게 상상할 수 있다.

본디 무엇이든 반석盤石같이 요지부동한 것은 있을 수 없는 법이다. 모든 것은 움직이며, 위나 아래를 향하고 있다. 바다의 파도와 마찬가지다. 따라서 안심도 없다. 바다 위에서는 그 어느 것도 고정할 수 없기에 앞으로 나아갈 수밖에 없다. 엔진을 끄고 태평히 햇살을 쬐고 있다 보면 악천후와 파도에 휩쓸려 침몰하게 된다. 이런 끔찍한 일은 헤아릴 수 없을 정도로 흔하다.

파도가 존재하려면 넘실거려야 하는 것처럼 우리들도 움직여야만 세상에 존재할 수 있다. 여기서 주고 저기서 받고, 꾀하고 도전하며, 망했다가 다시 흥하고, 쓰러

졌다가 일어서고, 얼마간의 요행과 우연의 도움을 받고, 안간힘을 다해 희망을 형상화한다. 그 행위 가운데 어느 것 하나 불안하지 않은 것이 없다.

불안의 틈새에 있는 실낱같은 안심의 길을 짚어 가면 그만이라는 말을 하려는 것이 아니다. 그러한 길은 전혀 보이지 않을뿐더러, 있는지 없는지도 모르기 때문에 불안한 것이다.

마음 푹 놓고 안심하며 할 수 있는 일은 도대체 어디에 있을까. 어린 시절에는 그저 가만히 앉아서 부모를 기다리는 일조차 불안하기 그지없었다. 또 안내자가 이끄는 대로 따라다니기만 하면 되는 패키지 여행일지라도 불안한 마음은 말끔히 가시지 않는다.

우리들이 일을 하거나 살아가는 데 있어 불안감을 느끼는 것은 당연지사다. 삶이란 불안하기 마련이다. 그러니 어쩌다 바라는 대로 되면 한바탕 크게 웃을 수 있고 감동도 그만큼 깊어진다. 인생이란 그런 것이다.

> 인생이란 끝없이 흐르며 떠오르는 질문들을
> 하나하나 해답으로 만들어가는 과정이다.
> 그것이 고통스러워 어느 순간에
> 머무르게 되면, 질문할 줄도 답할 줄도
> 모른 채 고이게 될 것이다.

아주 작은 태도의 차이

초판 1쇄 발행 | 2025년 11월 19일

지은이 시라토리 하루히코
옮긴이 유미진

펴낸이 이일권
펴낸곳 클로츠

등록 제2025-000028호
이메일 klotzbooks@gmail.com

ISBN 979-11-995166-0-1 (03190)

• 잘못된 책은 교환해드립니다.